सोंग रोड

विषय-सूची

सोंग रोड

ये मेई

GYAN

प्रकाशित

1. 歌棒:-चाईना ट्रांसलेशन एण्ड पब्लिशिंग हाऊस (चाइना भाषा में प्रकाशित सन् 2013)
2. Song Rod:-ऑरोरा पब्लिशिंग एलएलसी, 215 यूनिवर्सिटी बूलिवर, नॉटिंघम, एनजी9 2जीजे (ब्रिटेन) (अंग्रेजी भाषा में प्रकाशित सन् 2015)
3. सोंग रोड:- ज्ञान पब्लिशिंग हाऊस (हिन्दी भाषा में प्रकाशित सन् 2018)

सोंग रोड

ISBN: 978-81-212-1372-1

भारत में सन् 2018 में प्रकाशित
ज्ञान पब्लिशिंग हाऊस,
5, अंसारी रोड, दरियागंज,
नई दिल्ली-110002
Phone : 9811692060
ई-मेल: books@gyanbooks.com

मुद्रित: जी. प्रिंट प्रोसेस, दिल्ली

सोंग रोड

ये मी, तुजिया मूल राष्ट्रीया की एक महिला लेखिका है। जो आजकल प्रीसेडियम आफ चाईना लेखक संघ की सदस्य है। ये कई उपन्यासों, गद्य लेखों की रचियता है उनमे से प्रमुख "द मिलेनइटली ड्रेगन बोट रीवर", "द मोथ इन मई", "माई ज़िलानकापू", "रीवर थ्रेडिंग थ्रू लर्निंग" इत्यादि है। और "स्टडीज ऑन ये मेई" उनकी व्यथा शैली का प्रतिबिम्ब है। उन के द्वारा रचित कई रचनाओं को पुनः प्रकाशित तथा उनका अनुवाद भी कई भाषाओं में किया गया है। उनके द्वारा लिखित उपन्यासो में विभिन्न रंगों की किरणें दिखती है। कही पर ये कटाक्ष सम्यता और कही पर व्यंग के रूप को आधुनिकता पर प्रश्न चिन्ह लगाता है। वे बहुत ही सुन्दर रूप से अपने द्वारा लिखित उपन्यास मे बहुत कुछ और बहुत साधारण शब्दों से अपनी छाप छोड़ देती है। उस के सर पर नीले रंग का साफा है, वो अभी यहीं बैठा अपनी धुन गुनगुना रहा था, कोई कह रहा था... अरे देखों कही स्नान गृह में तो नहीं है। अचम्भा ये था कि अचानक उसे जमीन निगल नहीं सकती और आसमान उठा नहीं सकता तो, वो सभी परेशान थे यहाँ तक कि श्रृंगार कक्ष से भंडार कक्ष तक खोज़ की गई पर ऐसा लग रहा था कि वो लुप्त हो गया था पर कहाँ वो एक प्रश्न चिन्ह बना हुआ था। पूछने कुछ समय बाद चौकीदार से पूछने पर पता लगा कि एक व्यक्ति जरदोशी के कपड़े पहने और नीले रंग का साफा फाड़ता हुआ बाहर निकल कर गया था। जिसे देखकर चौकीदार ने सोचा था की मंच पर अपना

प्रदर्शन करने के बाद वो वापस जा रहा था। क्योंकि वो चौकीदार को शक्ल से पहचानता नहीं था। जब से बात ज़िओ डिंग को पता लगी तो उसने तुरन्त गोल्ड स्टार होटल जहाँ उसे ठहराया था फोन किया और पूछा की क्या उनका अभरता गायक वहाँ आ गया है। तो जान कर के वह वहाँ भी नहीं पहुँचा है ज़िओ डिंग ने गुम हुये गायक की चर्चा हर टीवी चैनल के ऊपर गरमाया हुआ था। उधर फेंग लू फेंग लू, जो कि एक अनुभवी मंच संचालिका थी उन्होने अपने ही अन्दाज़ को दर्शकों का उत्साह वर्धन करते हुये, संयम बनाये रखने का अनुरोध किया ये कहते हुये कि उनके संगीत गायक कुछ ही समय मे उनके सामने होगे। और इस बीच और गायकों को मंच पर लाती रही। और होले-होले शाम गुजरती रही।

कार्यकम के बाद वे लोग, शालू को खोजते-खोजते गोल्ड स्टार होटल पहुँचे पता लगा वे वहाँ से अपना समान लेकर जा चुका था। पर टीवी स्टेशन द्वारा बनवाई ज़रदोशी वाले कपड़े उसने अच्छे से होटल के बिस्तर पर रख दिये थे, उसके साथ एक कागज पर लिखा था एक सन्देश क्योंकि मेरा सोंग रोड खो गया है, मैं घर जा रहा हूँ। इसको पढ़ा कर किसी की समझाने में नहीं आया कि वो क्या कहना या बताना चाह रहा है। ज़िओ डिंग ने साथ लोगो से पूछा कि क्या शालू के पास मोबाईल फोन था। क्योंकि सोंग रोड क्या होता है उसे नहीं पता था। धीरे-धीरे पता लगा की उसकी पत्नी उसे छोड़ चुकी थी और अब वे अकेला ही रहता था। यह सब सुनने के बाद लांगचुआन नदी टाउनशिप के प्रमुख से फोन पर पूछा गया। ऊपर से आवाज आई क्या के आप लोगों के साथ बेजिंग नही गया? इस डर से की लांगचुआन नदी टाउनशिप, प्रमुख उनसे और प्रश्न शालिंग के बारे मे ना पूछे उसने बात रफादफा की। हकीकत मे कुछ समय पहले, साल के शुरू मे टीवी वाले लांगचुआन नदी जो तीन जार्ज बाँध प्रदेश मे है। लोक गीतों की तलाश में वहाँ गये थे। वहा लोगों से पता करते-करते पता चला कि शालू नाम का लोक गायक है जो

हर सुबह और शाम बहुत ही ऊँची पर मीठी आवाज मे गाँव वालो के कान के परदे छेदता है, यह सुनकर ज़िओ डिंग ने शालू को स्वंय सुनने की सोची। और जब सुना तो वो अपने का रोक नहीं पाया और उसे बीजिंग आने का न्योता दे बैठा और एक शाम के कार्यक्रम का आयोजन किया गया जिसका नाम था 'मेरे लोक गीतों से प्यार करो' इस के लिए मंच संचालिका के रूप मे प्रसिद्ध हस्ती फेंग लू को बनाया और उसने भी जब शालू को सुना तो बहुत प्रभावित हुई। हालाकि टीवी वालो ने कई अच्छे गायकों को सुना था पर इस की बात अलग थी ऐसा सभी ने कहा? शान्सकी जो एक बहुत नामी गायक था वहाँ के लोगों के बीच पर शालू के सामने उसका भी कद छोटा था। शालू की आवाज ऊँची मीठी और साफ थी जिस कारण सुनने वाले को सम्मोहित कर देती थी। ऐसा लगता था कि उसकी आवाज आकाश की बुलंदियों को छूती स्वर ऐसा जैसा पानी में तैरते कमल ऐसा लगता था उसकी आवाज में एक ताजगी और आजादी है और यह बात हर व्यक्ति जिसने पूर्वाभ्यास में सुना था वाह, वाह कर रहा था।

फेंग लू ने पुर्वाभ्यास के बाद शालू से प्रश्न पूछा था कि कैसे और कब उसने लोक गीत गाना सीखा? शालू एक सीधा-सादा, शर्मीला और कम बोलने वाला व्यक्ति था जो पूरे वाक्य तक ठीक से नहीं बोल सकता था। यहाँ तक की उसको देख कर उसकी उम्र जान पाना मुश्किल था क्योंकि झुर्रियों से उसका चेहरा और माथा भरा हुआ था। परन्तु गाते हुये उसका चेहरा दमक रहा होता था। न झुर्रियाँ न डर केवल आन्नद ही आन्नद दीखता था। जब फेंग लू ने इंतजार किया अपने प्रश्न के उत्तर के लिए तो हाथ मिलाते-मिलाते वो केवल देखता रहा काफी इंतजार के बाद उसने जवाब दिया "आप जो चाहे, मुझे बुलाये पर मैं बोल नहीं पाता हूँ। मेरे को केवल और केवल गाना आता हैं ऐसा कहते-कहते उसकी भौएँ सिकुड़ गई" जबकी बाकी गायक खूब बोलते है। ताकी दर्शक

दरगाह में लोग उसको जानने, पहचानने और चाहने लगे। पर शालू.... बहुत फर्क था ये बात फेंग लू को इसलिए अजीब लग रही थी क्योंकी वो बहुत 'चुप-चुप' था।

पूर्वाभ्यास के समय भी शालू गाते-गाते इधर-उधर देखने लगा फेंग लू ने जब पूछा तो उसने अचम्भे से पूछा इतनी आवाजें कहाँ से आ रही है तो उस को बताया की आर्केस्ट्रा उसका साथ दे रहा है परन्तु जब उसने नाखुशी दिखाई तो ज़िओ डिंग और फेंग लू ने वादय् यन्त्रों को रुकवा दिया। फिर भी शालू ने गाना नहीं शुरू किया ऐसा लगा जैसे वो बेचैन है कभी हाथ और कभी आँखें इधर-उधर करते हुये और जब उसने इतने लोगों को बैठे देखा, वो डर गया और मंच से उतर कर पीछे भागने की कोशिश करते समय मानो वो गिरने वाला था, जब फेंग लू ने जल्दी से उस के पास आकर उसे थाम लिया। और फिर पूछा क्या वो ठीक है।

मै अपनी लाइनें भूल गया हूँ शालू ने जवाब दिया। सांत्वना देते हुये फेंग लू ने कहा "क्यों घबरा रहे हो क्या पहली लाइन ऐसी नहीं है, धूप की किरणें सफेद चटटानों पर चमकती है?" ये सुन कर वो यकाएक शुरू हो गया" धूप की किरणें सफेद चट्टानों पर चमकती यूँही मेरी प्रेमिका हवा में अपने फल रूपी जूते लेकर आती है। पर मुमेन वो जूते पसंद नहीं, मेरे पसंद तो तो मेरी प्रेमिका जो जू यिनिताई से ज्यादा खूबसूरत है। इस के बाद फेंग लू और शालू का रिश्ता बदल गया व जब एक दूसरे को देखते थे मुस्कराते थे। अब वो बात नहीं करता, पर एक दूसरे को समझते थे। चावल खाते-खाते अचानक वो रूक गया फेंग लू ने पूछा क्या खाना ठीक नहीं है, जवाब तीखा नहीं है? "फेंग लू एक दम टीवी स्टेशन के बाहर स्टोर में गई और एक बोतल मिर्च-पेपर पेस्ट लाई और शालू के चावलों में मिला दी, जिस कारण वो लाल हो गये तब शालू ने शौक से खाना खत्म कर दिया।

इसके बाद शालू ने कोई 100 लोकगीत गाये बीजिंग के मंच पर बीच-बीच वो बुड़-बुड़ाता था, अपने हाथ मसलता था ऐसा लगता था कि उसके हाथों की लकीरें मिट जायेगी पर बिना रुके वो एक गाने के बाद दूसरा गाना गाता रहा, जो संचालिका थी उनको भी इतना समय नहीं दे रहा था की वो उदघोषणा कर सके। गीतों के शब्द कुछ इस प्रकार थे। "पहाड़ के ऊपर एक ज़मीन का टुकड़ा" 'सफेद रूमाल के 4 कोने' 'शहद की मक्खियों का सन्देश तितलियों को', 'नहीं घबराता मैं अपनी प्रेमिका की गरीबी से।' पुर्वाभ्यास के बाद वे अपनी ही दुनिया में खो गया यहाँ तक की वो दर्शकों से विदाई तक लेना भूल गया। तब फेंग लू जिस को बहुत सहानुभूति थी उसका हाथ पकड़ कर, उसे लोकर रूम तक लेकर गई तब उसने देखा कि शालू के हाथ पसीना-पसीना थे। ज़िओ डिंग के अनुसार शालू की पत्नी का देहान्त हो चुका था। वे अब तीन जार्ज बाँध प्रदेश पर काम के लिये वहाँ आया था। इस से पहले वे शयांग, जिअंगहन प्लेन फार्म पर अपनी पत्नी के साथ रहता था पर आधुनिक रहन-सहन से अंजान होने के कारण उस की पत्नी नहाते समय वह जहरीली गैस का शिकार हुई और पीछे छोड़ गई 10 साल का बच्चा। तब शालू हालातों से मजबूर लोंगचुआन रीवर चला आया और अपने लोक गीतों की प्रतिमा के कारण अपना नाम उजागर करने लगा। तथा जल्दी ही लोग उसे जानने लगे तभी जब ज़िओ डिंग लोक प्रतिमा को ढूँढ़ता हुआ लोंगचुआन रीवर पहुँचा तो वो आश्चर्यचकित था। उसे लग रहा था कि ये किसान, जिसने पुर्वाभ्यास मे समां बाँध दिया वो उस रात को तो चार चाँद लगा देगा ...... पर-पर ये हो न सका क्योंकि शालू मंच पर उदघोषणा के समय ही अचानक कहीं चला गया ज़िओ डिंग ने जमीन आसमान एक कर दिया गुस्से और शराब के नशे में बोल रहा था। "कैसा बेवकूफ! सिर्फ थोड़ी देर, रूक जाता फिर वो देखता वो एक नया सितारा होता?"

"अगर, आज शालू मंच पर जाता तो हमारे शो को जरूर टीवी टी. वी. की दुनिया में एक नया मील-का-पत्थर का कीर्तिमान मिलता पर शालू बेवकूफ था।

जिआंग डिंग ने फिर एक और प्रयास तीन जार्ज बाँध प्रदेश पार करने का मन बनाया। फांग ल्यू जिसने शालू को बहुत करीब से देखा था ने भी वहाँ जाने की सोची, यह कह करके कि अनोखी प्रतिभाओं से मिलने का अलग ही अनुभव होगा। जिआंग डिंग समझ गया कि वो शालू की खोज में जा रही है पूछने पर जवाब भी यहीं था।

वो लोग तीन जार्ज बाँध प्रदेश के लिए चले रास्ता पानी, पहाड़ और दोनों ओर चट्टानों से घिरा था, इस कारण हवाई जहाज, गाड़ी और नाव के सहारे से ही वहाँ पहुँच पाए।

ये एक छोटे-से गाँव जैसा शहर था। जो धीरे-धीरे प्रदेश के कारण अपना रंग-रूप बदल रहा था। हमारे लिए एक नये बने घर में रुकने का बंदोबस्त किया था। जो ऊँचे-ऊँचे पहाड़ों के तले पर था। वहाँ पर लगी बत्तियाँ जो सड़क के दोनों ओर थीं नावों पर लगे परों की तरह थीं और रंग-बिरंगे नामों के बोर्ड किसी भी शहर का एहसास दिला रहे थे। अतः बहुत ही लुभावने वाला माहौल था।

सरकारी महकमे के अफसर इन लोगों का सहयोग कर रहे थे। जगह-जगह फोटो आदि ली जा रही थीं। कहीं प्राकृतिक स्थलों की और कहीं ऐतिहासिक स्थलों की। खाना खाते और बात करते-करते फेंग लू ने शालू के बारे में पूछा कि क्या वो उस लोक गीत गायक को जानते हैं। बड़े ही जोश के साथ जवाब मिला कि हाल ही में वे बीजिंग गया था सीसीटीवी नामक कार्यक्रम में, उससे रुका नहीं गया तो वो पूछने लगी कि आजकल वो कहाँ है? कई जवाब मिले किसी ने कहा लोंगचुआन रीवर? किसी ने कहा अभी बीजिंग में ही है, कुछ का खयाल था कि वो बहुत

ही मशहूर लोकगीत गायक हो जाएगा। ये लोग, एक छोटे-से गाँव के ढाबे में बैठकर मज़ा ले रहे थे। गरम-गरम बीकान या चटपटा, गरम-गरम सूप का तभी अचानक कहीं दूर से एक ऊँची आवाज ने इन सबका ध्यान अपनी ओर खींचा। "पहाड़ों के ऊपर, सीढ़ी जैसे खेतों में, मेरा भी खेत है।" ये शब्द अपने साथ, एक ठंडी-ठंडी पहाड़ों की हवा का एहसास लेकर आई और उस ढाबे में बैठे हर व्यक्ति को अपनी ओर खींच लिया। फेंग लू और उसके साथ बीजिंग से आए टीवी स्टेशन वालों को उनके गाइड ने बताया कि शालू वहाँ रहने वाले हर गाँव वालों के जीवन का कभी न हटने वाला अंग बन गया था। कयोंकि सुबह हो या शाम शालू के लोक गीतों से उनका स्वागत किया जाता है। यही नहीं सर्दी हो या गर्मी 'सॉग मास्टर' द्वारा रिकार्ड किए गए लोक गीतों का प्रसारण होता है, जो कभी खुशी और कभी गम का माहौल बनाते हैं। गाईड ने बताया कि ये लोक गीत उस व्यक्ति से लेकर शालू को गाने के लिए दिए थे, जिसने कई सालों से लोक गीतों का अपार भंडार इकट्ठा किया था। यह सब बातें सुनकर फेंग लू की साँस में साँस आई। होटल के कमरे में घुसते ही उसने देखा कि पहाड़ों पर पड़ी बर्फ की चादरों की तरह गाँव का बदलता चेहरा दिखाता। एक छोटा पहाड़ी शहर, जो अपना रंग-रूप बदलने के लिए लाए ईंट, गारा, सीमेंट से लैस कम-से-कम एक दशक लगने वाली 'बदलते चेहरे' की कहानी याद दिला रहा था। साँप जैसे रास्तों पर चलती उनकी तेज गाड़ी, बसें और कार और अन्य वाहन उसको भयभीत कर रहे थे। वो विवश हो गई वहाँ की मन लुभाने वाली सुंदरता को देख सोचने के लिए मज़बूर कर रहे थे कि छोटे पहाड़ी बस्तियों में जीवन न तो शांत और न ही चिंतामुक्त था।

मोबाइल बज रहा था और ये अपनी ही सोच में डूबी हुई थी। अचानक मोबाइल की घंटी ने उसका ध्यान अपनी ओर खींचा, "मोबाइल क्यों नहीं उठा रही हो, दूसरी ओर से आवाज आई? इतनी देर से बिस्तरे पर भी सफेद चादरें, उसे वहाँ के शांत वातावरण का महत्व व मन को सकून दे रहा था। उसे महसूस हुआ कि छोटे-से गाँव के होटल में भी

सफाई और कार्यकुशलता का सुंदर उदाहरण था। न तो नमी और न गीली थी उस बिस्तर पर लगीं वो चादरें, जबकि कई बड़े होटलों में उसने शिकायत करके चादरों को बदलवाया था। पर यहाँ सब कुछ दिल को लुभाने वाला था। कब उसको नींद आ गई उसको पता ही नहीं चला।

आधी रात को, अचानक एक तेज़ आवाज़ ने आँख खोल दी, पहले उसने सोचा बिजली चमक रही होगी। फिर सोचा कहीं आग तो नहीं लग गई। पर पूरी आँख खुलने पर उसे याद आया कि क्योंकि वो तीन जार्ज बाँध प्रदेश एक छोटे–से कोशिश कर रहा हूँ? शिकायत करने वाला और कोई नहीं उसका तलाकशुदा पति यांग जिनगी यांग जिनगी था। इसने जवाब दिया, खबरदार मुझे स्कूल की लड़की की तरह मत डाँटो गुस्सा दिखाते हुऐ फेंग लू ने जवाब दिया। दूसरी ओर से जवाब आया ″अरे नहीं, मैं तो केवल मज़ाक कर रहा था इधर से आवाज आई ″यह मत सोचना कि तुम्हारी सारी कॉल ऊठाउँगी″ क्योंकि जब यांग जिनगी जो कि एक अग्निशमण कर्मचारी का काम करता था। जब भी फेंग लू कॉल करती थी जल्दी से जल्दी काल पर बात कर लेता था। वो कहता था "Hello" केवल दो घन्टी पर, और हमेशा कहता था कि वो बहुत सजग व्यक्ति है और बिना देर किये बात कर लेता है। एक रात अचानक आधी रात को यांग जिनगी ने काल किया फेंग लू ने इतनी देर रात फोन करने का कारण पूछा , तो उसके भूतपूर्व पति ने कहा, ″मुझे नींद नहीं आ रही है, मैं तुमसे कुछ बात पर विचार विमर्श करना चाहता हूँ ये सुनकर उसने खिड़की के बाहर देखना शुरु किया ताकि पता चले। रात में बाहर क्या हो रहा है? क्योंकि रात हो या दिन तीन जार्ज बाँध पर मज़दूर काम करते ही दिखते थे वैल्डिंग के काम की चिंगारियाँ रात के अंधेरे में जुगनु की तरह चमकती थी या कभी आतिशबाजी की याद दिलाती थी। उन्हें देखते देखते पता नहीं कब, वे गुजरे हुए सालों में उलझ गई —कैसे उनके नये साल की पूर्व संध्या पर जब उसके चेहरे पर ओस की चादर जम गई थी पर खुशी के

माहौल के कारण उसको ठंड नहीं लगी थी कैसे खुशियों की आतिशबाजियाँ चारों ओर चमक रही थी मज़ाक में पटाखे छोड़ दिये थे और कैसे वो फिरकनी की तरह, गोल गोल घूम गई थी हँसते खेलते पति का समय बीता था, पर अब उनका तलाक हो चुका है।

"ऐसी क्या जल्दी है, कि इतनी रात को कॉल कर रहे हो ? फेंग लू ने हिदायत देते हुऐ कहा कि वो अभी बीजिंग में नहीं है वापस आकर वो बात कर लेगी ऐसा कहते हुए उसे उबासी आ गई यांग जिनगी ने दूसरी ओर से पूछा क्या, यहाँ नहीं हो दक्षिण में हो या उत्तर में हो और गरम कपड़े तो काफी लेकर गई हो"

इधर से जवाब मिला, "फिक्र करने की कोई जरुरत नहीं है" और वो हँसने लगी। हालाँकि उनका तलाक हो चुका था परन्तु दोस्तों से ज्यादा उनका रिश्ता था क्योंकि प्रेम विवाह के बाद वो दोनों दो साल साथ रह चुकने के बाद ही तलाकशुदा हुए थे जिस दिन रिश्ता टूटा था। और उसको मान्यता मिल गई थी तब भी उन्होंने आखिरी-खाना साथ खाया था ये कसम खाते हुए कि वो अपनी दोस्ती हमेशा रखेंगे। फेंग लू का पूर्व पति यांग जिनगी एक बहुत ही दयावान नम्र स्वभाव का व्यक्ति था एक दफा उसे याद आया उस का पेट खराब हो गया था तब इस ने यांग जिनगी को कॉल कर बुलाया था जब वह आया अपने साथ दवा, गर्म सूप आदि लेकर आया ये ही नहीं गर्म पानी की बोतल बारी बारी पेट पर लगाता रहा इतनी सेवा की, कि फेंग लू ने सोचा कि वो उसे पुनः शादी करने के लिये कह देगी। परन्तु उसी समय किसी और लड़की की कॉल आ गई और उसे बात करता सुनकर उसने हमेशा के लिये कभी पुनः शादी करने का विचार अपने दिमाग से अलग कर दिया था।

आधी रात में कॉल पाकर फेंग लू ने सोचा, जरुर ऐसी कोई बात के लिए वो उस समय बात करने को काल कर रहा था। उसने यकायक पूछ लिया क्या किसी नई लड़की से चक्कर चल रहा है? ये

सुनकर यांग जिनगी जोर जोर से हँसने लगा और बोला तुम अपने भोलेपन, सुंदरता और आकर्षण से किसी भी आदमी को रिझा सकती है"

अच्छा वो बोल पड़ी यानी की मैं ठीक थी "किसी लड़की की समस्या का समाधान पाने के लिये काल किया है" जैसा कि फेंग लू ने सोचा था उसको एक नई गर्लफ्रैन्ड मिल गई थी। जो कि मैनेजर की पोस्ट पर एक बहुमुखी कम्पनी में काम करती थी उसके माता पिता विदेश रहते थे अतः वो कभी भी बाहर आ जा सकती थी। देखने में सुन्दर थी पर यांग जिनगी ने कहा—पर स्वभाव से वो उसकी तरह नहीं थी।"

ये सुनकर उसने यांग जिनगी से कहा की "जब वो सुन्दर थी, शिक्षित थी, कमाती भी अच्छी थी और माँ बाप विदेश में रहते थे। फिर किस बात के बारे में समय बर्बाद कर रहा था।"

हालाँकि, उसने शब्दों में अपना सुझाव दे दिया था पर, दिल में कहीं वो बैचेन थी क्योंकि उसको लगा कि यांग जिनगी एक बहुत अच्छा व्यक्ति था और खास तौर पर लड़कियों के प्रति। क्योंकि यांग जिनगी विश्वविद्यालय मे अध्यापक था ज्यादातर लड़कियाँ उससे बहुत प्रभावित होती थी।

शादी के बाद वो फेंग लू को समझाता था कि वो किसी कि ओर आकर्षित नहीं है पर फेंग लू को हमेशा ये डर रहता था की वो उसे छोड़ देगा जबकि यांग जिनगी एक मस्तमौला स्वभाव का व्यक्ति समय समाज और सोच के साथ अपने को ढालने वाला व्यक्ति था। कई दफा वो अपने घर पर लड़कियों खाने पर बुला लेता था परन्तु फेंग लू को यह बात बहुत अखरती (बुरी) लगती थी इन्हीं सब बातों की वजह से उन्होंने तलाक लेने का सोचा ताकि रोज रोज की लड़ाई या तनाव से पीछा छूट जाये दोनो अपनी जिंदगी अपने तरीके से जी सकेंगे।

परन्तु यांग जिनगी समझाता था, समय के साथ चलो लड़कियों से बात करना कोई बुरी बात नहीं है ..... तुम भी अपना तरीका बदलो।"

ऐसे विचार होना समय की पुकार थी क्योंकि वो एक परिपक्व पुरुष था डीलडौल में अच्छा था और आम तौर पर लड़कियों को ऐसे पुरुष पसंद आते हैं

फेंग लू कहती थी की वो उसकी किसी भी बात का बुरा नहीं मानती पर, यह सब देख कर उसे थकान होती है। बस यह सब उनकी शादी टूटने का कारण बनीं। मजे की बात शादी का रिश्ता खत्म हो गया पर प्यार, सम्मान और भरोसे का धागा उनकी दोस्ती को बांध रखा था।

अभी भी वो समय साथ बिताते थे। मजाक भी करते थे, एक दूसरे को छेड़ते भी थे पर ..... मज़ाक में यांग जिनगी कहता था यह बुद्धिजीवी स्टाईल है।

अपने विवाहित जीवन को चलाने की बहुत कोशिश की ताकि अगर एक बच्चा उनके बीच आ जाये तो शायद वो शादी की डोर पक्की हो जाये। परन्तु कोशिश के बावजूद न यांग जिनगी, फेंग लू कि न शारीरिक और न मानसिक तृप्ति दे पाया। हालांकि, जब भी यांग जिनगी ने फेंग लू से इस बारे में पूछा उसका जवाब हमेशा उत्साहित करने वाला था पर जब कोई नतीजा नहीं निकला तो, दिख रहा था, कि वे खुश नहीं थे। इसका दूसरा पहलू ये था कि फेंग लू, यांग जिनगी को बहुत प्यार करती थी और नहीं चाहती थी की उसका आत्म सम्मान क्षतिग्रस्त हो जाये। उसके विचार में साथ साथ न रहकर, प्यार से अलग अलग रहकर इज्जत से रिश्ता रखना ज्यादा अच्छा था।

अब जब उसका भूतपूर्व पति (तलाकशुदा पति) एक नये रिश्ते में बंधने वाला था। उसके दिल में उदासीनता, डर, गम और फिक्र नाम के कई शब्द दिमाग में आ रहे थे। पर वो अपनी भावनाओं को अपने

शब्दों से छुपा रही थी। अरे जल्दी करो नहीं तो तुम्हारा परी जैसा राजकुमार उड़ जायेगा फोन पर ये शब्द सुनकर यांग जिनगी खुश तो नहीं हुआ पर क्योंकि उसने काल काट दिया था कुछ कह न सका? रातभर वो कई बार उठी परेशान और उदास ..... पर करे तो क्या? दूसरे दिन सुबह सुबह किसी ने दरवाजा खटखटाया खोलने पर एक टोकरी में ताजा चेरी लेकर, एक पत्रकार आया था।

ताजा–2 चेरी को देखकर यकायक उसने वो मुँह में डाल ली, मीठी–खट्टी एक अलग ही स्वाद था। उसने सोचा क्यों ना स्वागत कक्ष पर जाकर पता करे कि क्या उन्होंने यह ताजी, सुन्दर भेंट भेजी है। पूछने पर पता लगा कि एक अनजान व्यक्ति उसके लिए वो छोड़ गया था।

चेरी का मजा लेते–लेते वो सोचने लगी और फिर उसे याद आया कि शालू ने उसे बीजिंग में बताया था कि, आप लोंगचुआन रीवर आओ। वहाँ की चेरी बहुत मीठे और स्वादिष्ट है ''क्या तुम भी चेरी उगाते हो'' बड़ी उत्सुक्ता से फेंग लू ने पूछा था। शालू ने सर हिला कर कहा था ''मेरे पिता ने लगाई है''

तीन जार्ज बाँध पर आये हुए समूह ने सोचा चलो वुशान मांऊटेन चलते पर फेंग लू ने जाने की सोची इसलिए उसने ज़ियाओडिंग से कहा कि वो वहाँ रहकर शालू को खोज कर लाए। यह सुनकर वो बहुत खुश हो गया और पूछने लगा कि क्या वो अकेले उसे ढूँढ लेगी। उसने कहा, अरे डरने की वजह नहीं है क्यों अब वो जंगल जिससे सब डरते थे नहीं रह गया है, पहले जरूर ऐसा था अब तो सब जगह लोग ही दिखते है क्यों वे एक बुद्धिमान, सुशील, सुन्दर युवती थी। उसे पता था कि वो क्या कह रही है। इसलिए ज़िओ डिंग ने बिना समय लगाये अपने हाँ भी दे दी।

तीन जार्ज बाँध एक ऐसा पहाड़ी उभरता हुआ गाँव–शहर बन रहा था इसलिए इनको वहाँ आये लोगों का स्वागत करने का तरीका

भी फर्क पर दिल को छू लेने वाला था। फेंग लू जैसे विख्यात स्टेशन से बड़ी गर्म जोशी से इधर–उधर ले जाया जाता था। उनको साथ देने के लिए सरकारी पदों के बढ़े–बढ़े अवसर अपना सम्मान समझते है। खाना–पीना, रहना–घुमाना सब कुछ वे अपनी देख–रेख में कर पाते थे। पर फेंग लू लोंगचुआन नदी के उस पार अकेले जाना चाहती पर परन्तु उस को रास्ता नहीं पता था। सोचते–सोचते उस को याद आया सॉग मास्टर जिसने शालू के गीतों की रिकार्डिग की थी। अब उसने सोचना उससे कैसे सम्पर्क करे फिर उसने कल्चरल इंसटीयूशन नामक संस्था से बात की, पर जो व्यक्ति बता रहा था उसकी भाषा ये समझ नहीं पाई। ज्यादा समय न खराब करते हुए वे स्वयं ही संस्था पहुँच गई। ये प्रयास बहुत थकाने वाला था। कभी ऊपर और कभी नीचे क्योंकि कल्चरल संस्था पहाड़ों के बीच में थी यह ही नहीं गाड़ी से उतरने के बाद उसे काफी सीढ़ियाँ चढ़नी पड़ी। ऊपर पहुचने पर उसने बहुत से आदमी और औरतों को गर्मी के समय होने वाले नाच को करते देखा जिसे वो "सायूरा" बुलाते है। यह ही नहीं सायें के समय तीन जार्ज बाँध का इलाका वहाँ के वेश–भूषा से लैस नाच के स्थल में बदले जाता था। जहाँ मानव समूह का समुन्द्र उमड़ आता था इसी कारण सेवा निवृत्त सॉग मास्टर ने एक चाय का ढाबा नदी के किनारे खोल दिया था। जब वो वहाँ पहुँची तो उसने देखा की वहाँ छोटे–बड़े, ऊपर–नीचे पत्थर–लोहे, हर किस्म के पुल थे। इतने पुल थे कि लोग बहुत ही छोटे और कम नजर आ रहे थे। एक ऐसे ही पत्थर के पुल के साथ एक चाय की दुकान थी। जिसमें घुसते ही एक सकून का एहसास दिल और दिमाग को लगता था। वहाँ लगी टेबलों पर कुर्सीयों पर झूलते हुए लोग दिखे। चाय की चुस्कियों के साथ हकीन नामक वाद्य का मजा ले रहे थे। जो यंत्र बज रहे थे उनसे आवाज कुछ ऐसी थी जैसे घोड़े की नाल की आवाज से आती है।

तभी एक बुजुर्ग जो लंगड़ा था चाय की एक बड़ी केतली लेकर आया और उसे बैठने के लिए साथ लेकर एक टेबल पर लेकर गया

और पूछा अगर वो चाय पीना चाहेगी। संध्या के कार्यक्रम के शुरू होने से पहले। फेंग लू ने हामी भरी और उत्साहवर्धन करने लगी हकीन बजाने वाले का जिसने जब बजाना जब समाप्त किया। फेंग लू ने पूछा ''क्या आप सॉग मास्टर हो'' हकीन बजाने वाले ने इशारा करके उस बुर्जुग लंगड़े चाय वाले की ओर इशारा किया।

इसी बीच वो बुर्जुग लंगड़ा चाय लेकर आ गया और उसने पूछा ''क्या आप शालू को ढूँढ़ रही है?'' आपको कैसे पता'' अचम्भे में पूछा। ''उसने कहा, ये शहर बहुत छोटा है।''

वहाँ उपस्थित सब ही शालू को जानते थे। इसलिए वे फेंग लू से बात करना चाहते थे। क्योंकि वह लोग शालू को भी बहुत सालों से जानते थे इसीलिए किसी ने बताया की वो वापस लोंगचुआन नदी चला गया था। वहाँ उसने सुना की यांगट नदी किनारे वाले तट पर, वहाँ के लोगों का जोर–जोर से ऊँची आवाज में बात करने का चलन था। खास तौर पर जब वो कोई अनजान व्यक्ति हो फेंग लू को देखकर तो उनके चेहरे खिल गये अरे उसे तो बहुत अच्छे से पहचानते थे। रोज तो उसे टीवी पर देखते थे, सुनते थे और पसन्द करते थे, और आज कल तो वो अपनी टीम के साथ उन्ही के पहाड़ी गाँव–शहर में थी। लोगों ने प्रश्नों की झड़ी लगा दी इन बातों के बीच उसे पता लगा कि शालू को सबसे पहले सॉग मास्टर ने उसकी प्रतिभा के कारण पहचाना था। बहुत ही छोटी उम्र से सॉग मास्टर विभिन्न गाँवों, क्षेत्रों और लोगों से लोक गीतों का संग्रह में उनका सहयोग लेने के लिए संबंध बताए हुए थे। जब शालू से सबसे पहले मिले। मजे की बात थी जो लोक गीतों का सॉग मास्टर ने संग्रह किया उससे उसने न पैसे, न घर पर सम्मान के रूप में सॉग मास्टर सॉग मास्टर का खिताब पाया और उसके द्वारा संकलित लोक गीतों के संग्रह को उसने 'द क्लेशन ऑफ थ्री एफस', इसमें जो लोक गीत संग्रहीत थे उन्हें विभिन्न शैलियों में दुनिया को दिखाया जा सकता था जैसे गाने, लोक कहानियाँ और

गानों से भरपूर लोक कथाएँ। हकीन बजाने वाले व्यक्ति ने बताया कि बहुत पहले अपने जनुनू में लिपट लोक गीत एवं कथाओं की तलाश में जब वह **लोंगचुआन** नदी क्षेत्र में जा रहे थे तब वह एक पहाड़ से गिर गये थे। और मरते–मरते बचे उनकी पत्नी सिस्टर मैलोनसिड ने उन्हें बचा लिया पर हादसे में उन की एक टांग बेकार हो गयी। उसकी बात काटते हुए बुजुर्ग चाय वाले ने वहाँ बैठे, वहाँ के वासियों से संयम और अनुशासन बनाये रखने का अनुरोध किया। क्योंकि वो नहीं चाहता था कि बीजिंग से आये सीसीटीवी वाले उनको बत्तमीज और बिना तहजिब का सोचे। यह सुनकर फेंग लू मन ही मन मुस्कराने लगी। उसको कुछ और याद ही नहीं रहा, केवल वो गरम–गरम चाय जो उसके सामने रख दी गई थी। पहले–पहल कोई। लुत्फ नहीं आया। पर साफ सुथरी थी, इस का यकीन था इससे एक मीठी मीठी ताजगी मुँह में आ रही थी।

चाय के नशे में वो सॉग मास्टर को इधर उधर डालते और लाता देख, वह उस गली सामान रसोई में घुस गई, उसने देखा की एक बहुत बड़े ताँबे के पतीले मे चाय उबल रही थी। जिस की चुस्कियाँ हर चाय पीने आने वाला लेकर खुश हो जाता था। लकडी की आग पर चमकती हुई ताँबे के पतीले के पास एक बुजुर्ग महिला थी, जो बारी बारी ताँबे के पतीले को कपड़े से साफ कर रही थी, इसी कारण वो सोने की तरह चमक रहा था एक अनजान महिला को पाकर उसने अपनी आँख उठाकर देखा उसकी आँखें छाईयों से घिरी हुई थीं परन्तु उसकी सुंदरता आज भी बीते समय की कहानी बता रही थी इस बीच सॉग मास्टर चाय बाँटने के बाद आया तो उसकी नजर फेंग लू पर पड़ी अरे यहाँ कर रही हो, यहाँ बहुत धुँआ है, चलो बाहर चल कर टेबल पर बैठो सॉग मास्टर ने कहा "शालू नीचे मेपिंग गाँव में रह रहा है" उस बुजुर्ग महिला ने फेंग लू निकलते निकलते बताया।

फेंग लू मुड़ी धन्यवाद कहने के लिये पर देखा वो फिर अपने ताँबे के पतीले को चमकाने में लगी थी और कह रही थी, "शालू की मदद कर दो उसका खोजने में" अरे तुमने यह सब इसको क्यूँ बताया? बुजुर्ग पति ने रोकते हुऐ पूछा और अपने साथ खिड़की के पास वाली कुर्सी पर बिठा दिया जहाँ से नदी का बहुत सुंदर नजारा दिखता था। एक गहरी साँस लेते हुऐ बोला, अरे मेरी पत्नी के शब्दों को सच मत मानना" क्या वो सिस्टर मैलोनसिड है?" फेंग लू ने पूछा।

"अरे उसे उस नाम से तब बुलाते थे जब वो जवान थी। वो शालू की दूर की रिश्तेदार है, इसलिये वो उसके लिये इतनी भावुक है?" बुजुर्ग सॉग मास्टर ने बताया "अरे हमारी सी सी टी वी उसको यहाँ से ले गई थी क्योंकि हमें पता था की वो बहुत नाम और प्रसिद्धि कमायेगा, पर अचानक बिना बताये और मंच पर लोगों का मनोरंजन किये बिना, वह चुपचाप वहाँ से चला आया सुनने में आया कि वो अपना सोंग रोड नहीं खोज पा रहा था, पर क्या है ? क्या यह बहुत कीमती है ? फेंग लू ने उत्सुकता से पूछा बुजुर्ग ने बताया, "कीमत ? वो तो केवल एक लकड़ी का टुकडा है, पर माने तो कुछ लोगों के लिये जान से भी ज्यादा कीमती है। फेंग लू ने उत्सुकता से पूछा

बुजुर्ग ने बताया कीमत ? वह तो केवल एक लकड़ी का टुकड़ा है पर माने तो कुछ लोगों के लिए जान से भी ज्यादा कीमती है यह बताते–बताते उसने फेंग लू को गर्म चाय और चावल से बना खाने की चीज परोस दी। उसने देखा कि बुजुर्ग वार केवल उतना ही जबाव देता था कि जितना की प्रश्न में था वह नपा तुला जबाव उसके मुँह से मिलता था।

यह सोचते–सोचते खिड़की के बाहर देखते–देखते उसने पहाड़ों की विशालता और उस सन्नाटे में छिपी अनलिखित बातें और कहानियाँ उसके दिमांग में आने लगीं अनगिनित लोग यहाँ आये हैं और गए

हैं....... पीछे क्या छोड़ गए हैं ? कोई नहीं बता सकता ? फेंग लू बुड़बुड़ा रही थी क्योंकि लोंगचुआन नदीं बहुत दूर थी

6 साल पहले तो मैं शालू को अपने बेटे की तरह ही मानता था पर अचानक वो हमें छोड़ कर चला गया " बुजुर्ग चाय वाले ने फेंग लू को बताया।

अरे वो लोक गीत जो अपने रिकार्ड किये थे, क्या उसके नहीं थे? बुजुर्ग ने कहा, "वो गीत गाये उसने थे पर लिखने वाला उसका पिता था। असल में वह सही रूप में" लोक गीतों का बादशाह है। परन्तु, उसकी आवाज में सूनापन महसूस होता था, हालांकि शालू भी अपने पिता की तरह पागल है। इसी वजह से कभी भी ठीक चीज भी, गलत हो सकती है पर क्योंकि हमारा रिश्ता टूटे काफी समय हो गया है। मैं तो उसके इधर–उधर जाने के बारे में औरो से सुनता हूँ"

बुजुर्ग चाय वाले की बात सुनकर फेंग लू को एहसास हुआ कि क्यूँ उसको, शालू द्वारा गाये गीतों में इतना फर्क महसूस हुआ था, जब उसने बीजिंग पूर्वाभ्यास में उसे गाते सुना था। और यहाँ सुबह–शाम बजने वाले गाने में, उसने सॉग मास्टर का धन्यवाद किया उन सब बातों को दोहराने के लिए जो शालू के जीवन से जुड़ी थी। पर एक अनुरोध है, जिस में आपकी मदद चाहिए।

फेंग लू की बात सुनकर, बुजुर्ग चाय वाले ने अपने को संभालते हुए उसकी ओर देखा। "लोग कहते हैं, कि आपके पास सोंग रोड है। क्या आप मुझे दिखा सकते हैं? बुजुर्गवार, कुछ नाखुश भाव लिये बोला हाँ पर क्योंकि बहुत समय पहले उन्हें हिफाजत से रख दिया गया था अब निकालना अनुचित होगा, क्योंकि मेरी मृत्यु से पहले उन्हें नहीं खोलना है? यह कहते–कहते, बुजुर्गवार चाय की केतली लिये वहाँ से चला गया।

फेंग लू वहाँ बैठी–बैठी चाय के प्याले पे प्याले पीती जा रही थी। और आते–जाते सॉग मास्टर से बातो की झड़ी लगाई हुई थी। उसका मकसद था, कुछ जान पाना सोंग रोड के बारे में? वो कभी कहती क्या यहाँ की सरकार "द क्लेशन ऑफ थ्री एफस" का महत्व समझती है या क्या इसके बारे में टी.वी पर बातचीत की जाये, इत्यादि?

अन्त में, परेशान होकर, वो फेंग लू को एक छोटे कमरे में ऊपर लेकर गया जहाँ बहुत सारी अल्मारियाँ लाईन से लगी थी। फिर एक अलमारी से उसने एक लकड़ी का डिब्बा निकाला, जिसमें से चन्दन की लकड़ी की महक आ रही थी, फिर अपने पहने हुये कपड़ों मे से चाबी निकाली यह सब फेंग लू देखती रही देखते–देखते दो भूरे रंग की गोल छड़ियाँ देखी, जिसे वो सीएचआई की लम्बाई की मान रहे थे। उनपर कुछ तिरछी लाईने थी।

फेंग लू ने पूछा, क्या यही सोंग रोड है?

परन्तु, उसने देखा की बुजुर्गवार ने अपनी साँस रोक रखी थी, क्योंकि वो नहीं चाहता था की उस पवित्र शान्त लकड़ी के टुकड़े की शान्ति भंग हो तो थोड़ी देर बाद जवाब आया 'हाँ' फिर एक सोंग रोड उठाकर उसने बताया कि, "यह वाली राजमहल में रोंगमितुसी राज्य में राजा योंगसंग के शासनकाल में इस्तेमाल की गई थी। और दूसरी वाली माओ राष्ट्रीयता के जाति प्रमुख द्वारा इस्तेमाल की गई थी। इतनी विशेष सोंग रोड को देखकर फेंग लू को इच्छा हुई उसे छूने की तो उसने बुजुर्गवार से अपनी इच्छा बताई। उसने वो फेंग लू के हाथ जब दी तो उसने महसूस किया कि वो लाईनें जो दिख रही थी उंगली लगाने पर महसूस किया जा सकता था कि वो उभरी हुई है। और बहुत सारी आड़ी और तिरछी लकीरें हैं। फिर बुजुर्गवार ने बताया, कि ..... बाँध के इलाके में गाना और नाचना हमारी सभ्यता का विभिन्न अंग है चाहे वो शादी हो या मृत्यु, इन कार्यक्रमों में कई–कई दिन तक

नाच–गाना चलता है। तब जो प्रमुख गायक गानों के शब्द इन सोंग रोड पर खिची लिपि को गाकर सुनाते है। जिसे याद करने में कई दफा बहुत समय जीवन का निकल जाता था। उसने बताया कि जैसे शब्दों का अर्थ होता है उसी प्रकार उन लाईनों का भी अर्थ था। जो कभी कहानी, समय और भावनायें जो गाने वाले ने स्वंयभू तराशी थी बहुत–बहुत साल पहले अब इनको केवल गाने वाला ही देख सकता था। और हर सॉग मास्टर का अपना ही सोंग रोड होता है।

धीरे–धीरे फेंग लू को समझ आने लगा कि पुर्वाभ्यास के समय क्यूँ शालू अपने हाथो को रगड़ रहा था, क्यू वो बैचनी में इधर–उधर देख रहा था। आखिर फेंग लू ने बुजुर्गवार से पूछ ही लिया, क्या वो एक नई सोंग रोड नहीं बना सकता?

बुजुर्गवार का जवाब था कि, ''वो बनाना इतना आसान नहीं था? ''तभी पैरों की आहट सुनाई दी। जल्दी–जल्दी वो सोंग रोड वाला डिब्बा अलमारी में रख दिया था जब देखा सिस्टर मैलोनसिड वहाँ आ गई थी।

बुजुर्गवार में सिस्टर मैलोनसिड से गुस्से में पूछा यहाँ क्यूँ आई हो ? पर जबाव नहीं मिला क्योंकि वो चुप सहमी सी खड़ी थी ? यह सब देखकर फेंग लू को शर्म आई और उसने विदा लेने की सोची तबही सिस्टर मैलोनसिड ने प्रश्न किया ''और अब आप यहाँ पर कब तक रहेगी ?

पर इससे पहले के वो जवाब दे पाती, बुजुर्गवार ने कहा, ये तुम्हारा मसला नहीं है ''

फेंग लू को अजीब सा लगने लगा ओर वो सिर्फ 'धन्यवाद' कह कर उन दोनों को वहाँ छोड़कर चली गई।

एक छोटी सी लकड़ी की नाव में फेंग लू ने रूख किया लोंगचुआन नदी में नौका विहार करके उसे ऐसा लगा जैसे वो नाम नाव

न होकर एक पतली कमर की युवती हो। जो लोंगचुआन नदी के हरे पानी को सिल्क के कपड़े के समान मुलायम प्रतीत हो रही थी। जो कैंची रूपी नाव काट रही थी। और उन्हें उन पहाड़ों की ओर ले जा रही थी। फेंग लू जो नाव में सवार थी बीच–बीच में अपनी खुशी ताली बजा–बजा कर करती थी। कल जब वो टी हाउस से वापस आई थी तब यांग जिनगी का फिर कॉल आया था। उसने इसे बहुत ही जल्दी–जल्दी और ऊँची आवाज में बताया था कि अब जो उसकी नई दोस्त है कितनी फजूल खर्च है। क्यों वो उसको लुफतानसा सेंटर ले गई थी। और वहाँ उसने न केवल लूइस वितोन हैंड बैग पर कपड़े और जूते भी खरीदे जिस वजह से पूरे महीने की तनख्वाह व ऊपर की कमाई लग गई थी जबकि उसको तो वो केवल चाकलेट खरीद कर देता था, और बहला देता था यह कह कर की उनकी मिठास किसी और मीठे से ज्यादा थी। अब तो किसी पर अपना पैसा लुटा रहा था। बहुत बड़ी बात है थोड़ी ही देर में वो बैचेन होकर फेंग लू से बोली की, "वो यह सब बातें उसे क्यों बता रहा है।" क्या वो चाहता है कि वो उसके नसीब पर आँसू बहाये या बदला लेने की सोचे?

उधर से यांग जिनगी ने उसे बड़े प्यार से बताया कि उसने उसे कभी पराया नहीं समझा बल्कि उसे हमेशा अपने परिवार का हिस्सा समझा है।

दूसरी ओर से फेंग लू की आवाज आई कि उसे जल्दी है क्योंकि उसे समान बाँधना है। क्योंकि उसे जल्दी एयरपोर्ट जाना है। यह शब्द सुन कर यांग जिनगी ने सोचा की वो वापस बीजिंग आ रहा है। तो उसने एयरपोर्ट में आकर उसका स्वागत करने का प्रस्ताव दे डाला। तभी फेंग लू ने उसकी दिमागी उड़ान को रोका और कहा वो तो लोंगचुआन नदी क्षेत्र को जा रही है। यह सुनकर यांग जिनगी ने वहाँ जाने की वजह पूछी, पहले तो बताना चाहती थी "फिर उसने चुटकी लेने के मूड में कहा कि वो उस लोक–गीत गायक की तलाश

में जा रही है'' वो बेजान हो उठा और पूछने लगा कितनी उम्र है उस लोक–गीत गायक की? फेंग लू ने छेड़ने की सोची और कहने लगी, पता है ये लोक–गीत गायक एक हीरे के समान है जो अनमोल है अगर तुम कभी उसको सुनोगे तब तुम्हें पता लगेगा कि वो क्या है, आवाज अनोखी, गीत–अनमोल और व्यक्ति विशेष है। और वो बोलती रही और यांग जिनगी सुनता रहा, सुनता रहा और कहने से रूक नहीं पाया कि, लगता है वो उससे मिलने के लिये बहुत बैचैन है।

फेंग लू ने उसे कटाक्ष करने से रोका तो वो उतावला होकर पूछ उठा कि ये तो बहुत ही अजीब बात है, जो तुम उस गायक से मिलने के लिए इतनी परेशान हो जब की न तो वो प्रोडूसर थी? न ही सीसीटीवी की बॉस? एक संचालिका को तो केवल संचालन करना होता है और कुछ नहीं? गुस्से में तमतमाया वो बोल उठा। फेंग लू को भी गुस्सा आ गया और उसने गुस्से में यांग जिनगी को कहा ''कि क्या वो पागल हो गया है?''

यांग जिनगी की दूसरी ओर से आवाज आई ''कि, वो बताये कि असल में उसके मन में क्या है ? जिसे सुनकर फेंग लू तमतमा उठी और उसे कहा की फोन रखे बिना कारण के दरअसल में यांग जिनगी के शब्दों और प्रश्नों ने उसे इतना गुस्सा दिला दिया कि उसने फोन – काल बन्द कर दी। फेंग लू के दिल में आया कि वो कालबैक करके उसे बता दे की उस पर रौब न दिखाये पर उसने ऐसा करने से अपने को रोक दिया क्योंकि पहाड़ों की हरियाली में वो कही खो गई थी। और भूल गई थी वो शब्द जो यांग जिनगी ने कहे थे। उसने देखा कैसे ताबूज पेड़ों पर लटके हुये थे। और पुराने लकड़ी के पुल इत्यादि। जब वो लोंगचुआन नदी के पास आये तो एक व्यक्ति बहुत पहचाना हुआ जंगल के रास्ते पर चलता दिखा पर क्योंकि उसकी पीठ नाव की तरफ थी वो उसे पहचान नहीं पाये। पर पास आने पर उसके चौड़े कन्धों ने अपना ध्यान अपनी ओर खींचा। सूती नीले लिबास में

उसकी आँखों को देख कर फेंग लू की याद आई शालू की यकायक, बाकी यात्री जो उस नाव में थे, उसी दिशा में देखने लगे क्योंकि फेंग लू एक प्रसिद्ध टी.वी. हसती थी। लोंगचुआन नदी क्षेत्र एक पर्यटक स्थल के रूप में बहुत पर्यटकों को अपनी गोद में बुलाता था। जिस कारण शोर और हल्ला गुल्ला वहाँ के व्यवहार में था। इसी कारण पर्यटकों को अवाजें सुनकर शालू ने हाथ हिला दिया। और बिना किसी कारण खुशी में गाने लगी मेरी प्रेमिका नाव में आगे बैठी है, और मैं उसकी नाव किनारे पर खींच रहा हूँ" जब नाव किनारे पर आई तो शालू किनारे पर खड़ा था, उत्सुक और बेचैन, अपने हाथों को मसलते हुए जैसे कि उसको नहीं पता था कि वो अपने हाथ और पाँव के साथ क्या करे ? नाव से लोग उतरने लगे, अचानक उस भीड़ में उसे फेंग लू दिख गई और वो रोक नहीं पाया उसे बुलाये बिना, मिस फेंग सब कुछ कैसा है ? शालू ने पूछा जैसे वो नाव से उतर रही थी। और सहारा देने के लिए अपना हाथ आगे बढ़ा दिया। उसके हाथ का सहारा लेकर वो आराम से उतरी।

अरे तुम्हें कैसे पता लगा मैं आ रही थी ? फेंग लू ने शालू से पूछा। शालू ने उसका समान लेते हुये बताया की खबर आ गई थी कि फेंग लू ने शालू से पूछा। शालू ने उसका समान लेते हुये बताया की खबर आ गई थी। कि फेंग लू वहाँ आ रही है वो दोनों चलने लगे बात करते–करते उसने पूछा वो उसे कहा लेकर जा रहा है तो उसने कहा कि उसको उसे टाउनशिप तक छोड़ना है।

फेंग लू ने कहा कि उसने अपना काम पूरा कर लिया है और अब वे उसकी सुने क्योंकि वो वहाँ उसी के लिए आई है। और सांय में वो उसके पिता को भी मिलना चाहती है। दूसरे दिन घाटी में धूप खिली हुई थी और मौसम साफ था। शालू भोला सा मुँह लिये फेंग लू के पास गया। उसे घाटी और पिता से मिलाने के लिए फेंग लू सुबह–सुबह तैयार थी छोटी लड़कियों की तरह पोनी–टेल के साथ

गले में एक तिब्बती ताबीज जैसा था। गहरे भूरे रंग की जैकिट थी और पानी में उसकी छवि बहुत ही मन को लुभाने वाली लग रही थी।

तभी उसने बताया कि उसने खाना नहीं खाया है ? कुछ देर शालू घबरा गया फिर बोला चलो पास वाले ढाबे में ले जाता हूँ। वहाँ उसने बताया कि वो बहुत ही मशहूर ढाबा है यह धीरे–धीरे बातों में खाना खाते शालू खुल गया फेंग लू के साथ–। जब की पहले ऐसा नहीं था। जब फेंग लू ने कहा कि नूडलस का बर्तन बहुत भारी है जिसे वो उठा नहीं सक रही थी तो उसने थोड़ा–थोड़ा कर लेने की सलाह दी। फिर जब उसे बहुत मिर्च लग रही थी तब भी उसने अपने बर्तन को दिखा दिया बात से बात निकलती रही और फेंग लू को याद आया, जब शालू ने और मिर्च शोर्स की मांग की थी अपने चावलों में जब वे बीजिंग गया था।

फेंग लू ने ऊपर –ऊपर से नूडलस खाये ताकि मिर्च न लगे। और खाने के बाद बोली चलो। शालू भागकर पैसे देने गया और वापस आकर उसने पूछा " अब कहा जाता है ? फेंग लू ने जवाब दिया, तुम्हारे मैपिंग वाले घर में पर शालू का भाव देख कर उसने पूछा, "क्या मुश्किल होगी ? फेंग लू ने पूछा। शालू ने जवाब दिया, बहुत खराब है। क्योंकि वहाँ केवल मेरे पिता और भाई रहते हैं। मेरा भाई और उसकी पत्नी शनज़हन में काम करते हैं इसीलिए उन्होंने अपने बच्चे घर पर छोड़ दिये हैं।

फेंग लू ने कहा वो उसे पहले बता चुका है।

उत्तर के गाँवों में घर आंगन के साथ सुडौल डंग से बने हुए थे अपितु यहाँ पर जहाँ घर दो–दो, तीन–तीन घरों के झुंड में बने हुये थे, ताकि बारिश से बचाव हो सके। शालू फेंग लू का बैग लेकर चल रहा था और एक जगह पर रूक गया क्योंकि वहा वो रास्ता दो दिशाओं में बट रहा था, यकायक शालू ने ऊंगली उठाकर एक सफेद घर दिखा कर बताया कि वो गाँव के प्रधान का घर था और क्योंकि अंधेरा होने

लगा था उसे वहाँ रात के लिए रूक जाना चाहिए वहाँ उसे शहर वाली सुविधायें मिलेगी जो उसे और कहीं नहीं मिलेगी। शालू की बातें सुनने के बाद वो एक स्कूल की लड़की की तरह आई अपना बैग शालू के हाथ से खींच कर आगे–आगे चलने लगी। जल्दी से पीछे से आकर उसने फेंग लू को रोकते हुए बताया कि जिस रास्ते पर वो चल रही थी वो जंगल की ओर जाता है और अंधेरे में उसे डर लगेगा पर फेंग लू ने उसकी बात काटते हुए बताया की वो उस के घर पर रूकने की सोच कर आई थी। अपनी लाचारी दिखाते हुए, उसने कहा 'जो करना है करो'।

जंगल पार करने के बाद दर एक लकड़ी और मट्टी का टूटा हुआ खंडहर मकान दिखा, जिसे दिखाते हुए शालू ने कहा वो उस का घर था और जो बूढ़ा आदमी वहाँ बैठा है दरवाजे के पास वो उस का पिता है ये सुनत–सुनते वे दोनों घर के सामने पहुँच गये थे। शालू को देखते उसके पिता बोल उठे अरे कौन दिशा हवा चल रही है ? ये सुनकर फेंग लू को लगा कि उससे प्रश्न कर रहा है ? पर शालू ने समझाते हुए कहा कि उसके पिता को बोलते रहने की बीमारी है बिना वजह से वो अपने आप से ही बात करते रहते हैं ? तभी फेंग लू ने शालू कहकर उसका ध्यान अपनी ओर खींचा और कहा कि उसने सुना है कि वह बहुत लोकगीत गाते हैं।

दूर कुछ देखते हुए गुस्से से भरे शालू के पिता ने सोचते–सोचते कुछ बुड़बुड़ाया, दूर से पानी किसी की प्यास नहीं बुझा सकता जैसे कि एक लटकी हुई मछली एक शिकारी का उल्लू नहीं बना सकती ? यह वाक्य सुनकर फेंग लू ने शालू को समझाना चाहा कि वह क्या कह रहा था पर उसने उनकी बात अनसुनी करी, अंदर जाओ और आराम करो जब वह वहाँ घुसीं तो उसने मच्छरदानी लगा एक बिस्तर दिखा। जिसे देखकर उसकी आँखें खुली की खुली रह गईं। तभी शालू ने ट्रंक से चादर और तकिये का गिलाफ निकाला और बिस्तर पर बिछाने

लगा उसे काम करता देख वह उसे और ध्यान से देखने लगी और सोचने लगी कि अच्छा ऐसे यह अपना अकेला जीवन ऐसे व्यतीत कर रहा है। फेंग लू को ध्यान से देखते हुए देखकर शालू को पसीना आने लगे और पूछने को मजबूर कर दिया कि वह क्या चीज इतने ध्यान से देख रही थी फेंग लू ने तुरंत जबाव दिया कि वह उसे देख रही थी। यह सुनते ही शालू के चेहरे का रंग उतर गया जिसे देखते ही फेंग लू जोर–जोर से हँसने लगी।

रात का खाना थोड़ी देर से हुआ। शालू ने अपने हाथ से ताजी सब्जियाँ जो वहीं ऊगाई थी बनाकर उसे खिलाई जो उसने बड़ी चाह और खुशी से खाई। तभी उसे याद आया कि शालू ने उसे बीजिंग में बताया था कि वो अपने पिता, भाई और उनके बच्चों के साथ रहता था। बस दिमाग में आते ही फेंग लू ने पूछ लिया कि बच्चे कहाँ है।

शालू ने कहा कि क्योंकि वो बहुत विवश था उनको उसने अपनी बहन के पास भेज दिया था। फेंग लू ने फिर पूछा क्या उसके पिता पहले से ही अपनी ही दुनिया में जीने वाले व्यक्ति थे तो शालू ने कहा ''यह परिवर्तन उस साल आया जब किसी ने धोखे से इनकी सॉग रिर्काडिंग चोरी कर ली। ''फेंग लू को याद आ गया वो नजारा जब शालू ने बीजिंग में कहा था कि उसकी सोंग रोड खो गई है'' उसकी बैचेनी और परेशानी .....

इसी बीच शालू ने बर्तन आदि हटाकर रखे सूअर और मवेशियों आदि को खाना–वाना खिलाया साथ ही हिदायत दी फेंग लू को कि रात में गाँव वालो के कुत्ते खुले घूमते है, इसलिए वो अकेले बाहर ना जायें, क्योंकि अनजान को देखकर वो पीछे पड़ जायेंगे।

शालू की बात सुनकर उसने सोचा चलो अन्दर जाकर कुछ देखती हूँ और सामने दिख गया एक टी.वी. उसने सोचा चलो लगाती हूँ, पर एक जोर की आवाज आई और टी.वी. स्क्रीन धुंधला, काला और

बर्फ जैसा हो गया, कुछ और कोशिश की पर वो ठीक न कर सकी तो उसने उसे बन्द कर दिया।

''बहुत कम लोग शालू के पिता के समान इस दुनिया में दिखते है। जो न केवल ''हताश'' बल्कि दुनिया से भी दूर हो गये है, दिखाई देते है। फेंग लू सोच रही थी।

वहाँ से निकली ही थी उसने अपनी घड़ी देखी, क्योंकि उस को लग रहा था कि बहुत रात हो गई, हर ओर सन्नाटा था पर उसकी घड़ी में तो आठ बज कर कुछ समय हुआ था उसे याद आई बीजिंग की रातें जब वे यांग जिनगी के होटलों, में या नौका विहार के लिए जाते थे। सुबह भी जल्दी निकलने का मन बना कर वो सोती थी नही तो वहाँ ट्रैफिक जाम में फंस जाती। पर यहाँ शान्ति कहो या सन्नाटा दूर–दूर तक फैला था जिसे सह पाना उसे मुशिकल लग रहा था।

फेंग लू ने सोचा कि वो जाकर शालू को ढूँढकर बात करेंगी पर आग जाकर देखा कि वो तो अब कपड़े धो रहा था। कुछ समय बाद वो एक बर्तन में गरम पानी और नये सफेद तौलिये के साथ फेंग लू के पास आया और सर्दी के कारण हाथ गर्म करने को कहा, क्योंकि रात में सर्दी और बढ़ जायेगी।

फेंग लू ने बिना सोचे उस पानी में हाथ डाल दिया और डालते ही चीख पड़ी पानी गर्म था हाथ जल गया था। चीख सुनते ही शालू ने पहले अपने को कोसा फिर भाग कर गाँव में लगाने वाला लेप लेकर आया और फेंग लू के जले हाथों पर लगाने लगा साथ–साथ अपने को कोसता रहा। शुरू–शुरू में फेंग लू ने मना किया फिर उस वो अपनापन और प्यार अच्छा लगने लगा तो वो चुप कर गई।

फेंग लू ने जिआंग डिंग वे को मैसेज कर दिया कि वो शालू से मिल चुकी है। उत्साह से भरे बोस ने जबाव दिया कि ''वो उसे लेकर बीजिंग आ जाये उसके लिए एक नई शाम का आयोजन किया जायेगा

साथ ही साथ उसको उस शो के बहुत ज्यादा पैसे भी देगे।" पर क्योकि मोबाईल वॉइबरेटर पर था। उसको पता नहीं लगा।

फेंग लू और शालू अपनी बातों में व्यस्त थे पर एक ही तरह बैठे–बैठे वो अकड़ गई थी इसलिए उसे अपनी तरफ बदलने की सोच। शालू महलहम लगाते–लगाते उस का हाथ पकड़े ही, बात करता रहा।

तभी शालू के पिता की खाँसी ने उनका एक दूसरे से ध्यान हटाया शर्म से पानी–पानी शालू ने रात की बिदाई ली और वहाँ से भाग गया।

VI

बीच रात में एक अजीब सा अकेलापन, उदासीनता और खालीपन का ऐहसास उसके मन में आया। उसे लगा जैसे शायद एक गाँव के भोले–भाले लोक गीत गायक से उसे प्यार हो गया था और वो उसको अपने साथ, और अपने पास चाहती थी यह एक कल्पना थी, इच्छा थी पर उसे यह नही पता था कि वो सच है या नहीं।

बिस्तर पर लेटे–लेटे उसे उसके पास से आने वाली खुशबू तक दिमाग पर छा गई। और वो सो ना पाई तो उसे यांग जिनगी को आधी रात में फोन पर डाला। कॉल उठाते ही, दूसरी तरफ से वो बोला कि पता नहीं कितनी कॉल उसको शाम से लगा चुका है, पर उसको एक का भी जवाब नहीं मिला था आखिर फिक्र और मजबूरी में उसने सोचा कि अगर कॉल नहीं आती तो वो सुबह पुलिस में इसके बारे में रिपोर्ट करेगा।

ये सुनकर फेंग लू को लगा कि उससे भी कोई प्यार करता है उसके बारे में सोचता है। तभी, दूसरी ओर से यांग जिनगी की आवाज आई यह जानने के लिये कि वह अभी तक सोई क्यों नहीं है इस पर इधर से जवाब मिला कि अरे मैं तो एक नींद ले चुकी हूँ।

इस पर यांग जिनगी ने छेड़ते हुए कहा कहीं ऐसा तो नहीं कि तुम मुझे न देख कर मेरी कमी वहाँ महसूस कर रही हो? ''अरे–अरे सम्भल कर अगर तुम्हारी नई प्रेमिका ने सुन लिया तो वो नाराज हो जायेगी? इधर से फेंग लू बोली।

तुरन्त उधर से जवाब आया वो बड़े दिल वाली है। ऐसी बातों का बुरा नही मानती ...... और अगर कभी गुस्सा हो भी गई तो आधे दिन से ज्यादा उसकी नाराजगी नहीं रहती। मुझे आज भी याद है कि तुम्हे खुश करने में पता नहीं मुझे कितने दिन, क्या–क्या करना पड़ता था।''

तभी तो हमारा रिश्ता टूट गया फेंग लू ने कहा कल जब मैंने उसकी फोटो देखी तो मुझे लगा कि वो तो बहुत मॉर्डन है अरे, उस के तो बाल भी सुनहरे है? जवाब मिला यांग जिनगी की तरफ से हँसते हुए नीची आवाज में डाई करे हुए बाल है भाई।

फेंग लू को लगा कि हो सकता है कि वो उसकी प्रेमिका वही, उस के साथ हो तभी वो इतनी नीची आवाज में बोल रहा था। बस, पूछ लिया, पर सच बताना क्या वो तुम्हारे साथ ही रहती है?

यांग जिनगी ने जवाब दिया 'हाँ पर हम अलग–अलग कमरों में रहते हैं। अच्छा सुनो, फेंग लू की आवाज थी। 'ध्यान रखना कि वो मेरा तकिया न इस्तेमाल करे। वापस आकर मैं अपना सारा समान वहाँ से उठा लूँगी?

अरे क्या नाराजगी है हम अलग ही तो हुये है, दोस्त हो या प्रेमी रिश्ता तो है''

यह सुनकर फेंग लू बोल उठी हमारा रिश्ता कमल के समान नही है जिसकी जड़े एक हो।

एक दम उधर से जबाब आया, हमारी शादी के समय, तुम्हारा हाथ मेरे हाथ में देते हुए तुम्हारे पिता ने मुझे कहा था कि आज के बाद तुम मेरे जिम्मेदारी हो, इसलिए मैं तुम्हारी इतनी फिक्र करता हूँ।

पर यह बातें सुन कर फेंग लू खीज गई और बोली अब हम तलाकशुदा है? ये सुनते ही गुस्से में यांग बोला पति न हूँ पर शुभचिन्तक हूँ? कुछ समय तक तो तुम्हारे नखरे सहूँगा? उस के बाद नहीं इन शब्दों में आवाज बदली हुई थी, जिसे सुनकर चुप हो गई।

दूसरी ओर से यांग चिल्लाया अरे ये बताओ क्या तुम्हारा लोक गीत गायक मिल गया? क्या तुम्हे वो गायक मिला? झुंझलाते हुये, फेंग लू ने जबाव दिया कि आधी रात में यह क्या प्रश्न है? फिर गुस्से में बोली हाँ मिल गया है। और आज मैं उसी के घर में रूकी हूँ।

यांग जिनगी ने तैश में पूछा और अब वो कैसे सो रहा है? जब एक सुन्दर औरत उस के साथ उसी कमरे में हो, बात को न रोकते हुये बोला जरूर पागल होगा? फेंग लू तुम बड़ी गलती कर रही हो? क्या बकवास कर रहे हो? यांग लड़ाई हमारे दिलों की भगवान और शैतान की लड़ाई में बदल गई है।

पर यांग जिनगी ने उसे लिटरेर्चस के पन्ने पलटने का सुझाव दे दिया। जिस पर गुस्साई फेंग ने कहा कि वह ये बातें अपने नई प्रेमिका को बताये। दूसरी तरफ से जवाब आया कि मानता हूँ कि मैं बहुत महिला दोस्त बनाता हूँ पर मैं सब से खुश और सब से खुश रहा हूँ क्योंकि मैं अपने में संतुष्ट हूँ जबकि ऐसा तुम्हारे साथ नहीं है तुम शक, डर और आने वाली बातों से परेशान रहती हो अपनी सोच बदलो, ऊपर उठो, जिन्दगी जीओ?

घर से किसी आवाज ने फेंग लू को अपनी बात रोकने के लिये मजबूर किया। उसे लगा हो सकता है शालू उठ गया हो, हालांकि अभी अंधेरा ही था और चाँद दिख रहा था उसने दरवाजे ही ओर देखा इस सोच से की हो न हो शालू दरवाजा खटखटा रहा है।

VII

सुबह होते ही उसकी आँख दूर से आने वाली एक अति मोहक आवाज पर खुली। उसे लगा कि जरूर शालू ही गया होगा। क्योंकि वो लोक गीत कुछ–कुछ वैसे ही थे जैसे उसे तब सुने थे जब वे टी.वी. स्टेशन पर गा रहा था।

गाने इतने सुन्दर थे कि उसका दिल ही नही कर रहा था कि वो बिस्तर से उठे। कुछ–कुछ ऐसा ही उस का दिनचर्या होता था जब वे यांग के साथ थे। यांग कॉलेज में लेक्चर लेकर जब वापस भी आ जाता अभी वो बिस्तर पर ही सो रही होती थी। सही में देखो तो जिन्दगी बिना मकसद के आगे बढ़ती जा रही थी। उन दिनों तभी फेंग को अपना नाम पुकारती धीमी आवाज सुनाई दी ये आवाज शालू की थी जो बता रहा था कि नाश्ता तैयार है। पर क्योंकि दरवाजा अन्दर से बन्द था शालू प्रवेश नहीं कर सकता था। हालांकि वह चाहती थी कि सुबह की किरण की तरह वह उस की शक्ल देखे पर ऐसा हो नहीं सकता था। इसी बीच शालू ने दुबारा आवाज लगाई तब फेंग ने कहा मैं आ रही हूँ।

फिर बाहर से आवाज आई की दरवाजे के सामने उसके लिये गरम पानी रखा है वो कहना चाहती थी की अन्दर ले आओ। पहाड़ों से काट–काट जो लकड़ी शालू ने इक्ठ्ठी की थी वो भर–भर कर जल रही थी जब वो रसोई में गई। और उसके साथ खुशबू आ रही थी उस स्वादिष्ट खाने की जो शालू वहाँ बना रहा था वे उस के पास गई और पूछा सुबह तुम ही गा रहे थे, ना। जिस पर उसने हाँ कहा। क्या गाँव वालों को तब ही जगाते हो पर उसने कोई जवाब नहीं दिया। फिर बात बदलते हुये उसने पूछा क्या स्वादिष्ट चीज बना रहे हो? जवाब आया, "कमल के पत्तों में उबले चावल।" वो बातों में लगे थे जब किसी महिला ने बाहर से शालू को पुकारा, आवाज सुनकर वो बाहर गया पहले धीरे और फिर तेज आवाज आने लगी, कुछ ऐसे सवाल थे, तुम

क्यों नहीं मुझे एक झलक उस महिला को देखने देते? और शालू कह रहा था कि उसकी कोई जरूरत नहीं थी? जाओ अपने सूअरों और जानवरों की देखभाल करों। इस पर वो महिला कह उठी कि वो इस तरह उस के साथ तो व्यवहार नहीं करती बहस छिड़ गई?

उस महिला ने कहा कि सब लोग गाँव में चर्चा कर रहे है कि तुम शहर से नई पत्नी लाये हो शालू ने गुस्से में नकारते हुए कहा कि वो सब वकवास कर रहे है। तभी फेंग लू बाहर पहुँच गई, उसे देखते ही दोनों शांत हो गये। तब उसने शालू से पूछा, क्या कोई मेहमान आया है? जवाब मिला वो मेरी छोटी बहन है। और पलट कर उसको घर जाने के लिए कहने लगा क्योंकि उसके दोनों बच्चे उस का इन्तजार कर रहे होंगे। पर वो गई नहीं। तब लाचार होकर उसने अपनी जेब से कुछ पैसा निकाल कर उस के हाथ में रखे पर वो वहाँ से नहीं गई, जिद कर रही थी कि वो उसको और ज्यादा पैसा दे। घर में खाने को लाना है।

फेंग लू जो शालू और उसकी बहन के बीच हो रही लड़ाई को काफी देर से देख रही थी वो पास आई और कुछ पैसे उसके हाथों में रख दिये, ऐसा करते हुये फेंग की ऊँगलियाँ उस महिला के हाथों से छुई, जो खुरदरे व सख्त थे। जैसे उसके हाथों में काँटे लगे हो। तुरन्त शालू ने यह कहते कहते पैसे अपनी बहन की हथेली से उठा लिये ये कहते–कहते कि ये क्या कर रही हो? और उसकी बहन ने भी अपना हाथ पीछे कर लिया ये कहते हुये कि "मैने माँगे नहीं थे?उसने मेरे हाथ में रख दिये है।"

फेंग लू को तब एहसास हुआ कि मर्द, मर्द ही होता है, चाहे वो गाँव का हो या शहर का, तेज–तर्रार या सीधा–साधा हो। और मर्द की तरह शालू को भी एक स्त्री से कुछ लेना अच्छा लगता था, इसी लिये वे बोला बोला कुछ नहीं पर हाव–भाव से अपनी नाराजगी दिखा दी जैसे ही फेंग लू ने यह देखा वो जल्दी से अन्दर चली गई नाश्ता

करने। पीछे से, आया शालू और वो पैसे जो उसने अपनी बहन के हाथों से खर्चे थे वापस करने लगा तभी शालू के पिता की सूखी खाँसी सुनाई थी और फिर कहा आज खाना, कुछ ज्यादा मीठा नहीं है क्या?

इस समय फेंग लू को लगा जैसे, वो कुछ ज्यादा रूक गई है? क्योंकि शालू को तो उससे कुछ काम था ही नहीं वो ही चिपकी हुई थी .... जैसे कि कोई बहुत बड़ी मेहमान थी।

जिस टेबल पर वो नाश्ता कर रही थी वो बहुत महंगी और सुन्दर थी तथा इस घर में सबसे महंगी चीज थी।

जो कि जपत सम्पति में आई थी और इनको दी गई जब जमीन कानून लागू किया गया था।

फेंग लू ने सलाह दी कि अगर वो लोग इस टेबिल को बेच दे तो उनको इतना पैसा मिल जायेगा कि वो अच्छा घर या सोना खरीद ले। इसी बीच उसने वापस जाने की सोची पर उसकी सोच को काटते हुये शालू ने गुस्से से कहा कि वो नीचे नदी पर जा रहा है क्या वो भी उस के साथ जाना पसन्द करेगी। अच्छा कहते हुये उसने अपना सर हिलाया।

VIII

शालू नदी पर जाल लगा कर गया था, मछली पकड़ने के लिये। हालाँकि वो और उसके पिता मछली नहीं खाते थे इस डर से के कही मछली के कांटों से उनके गले में चोट न लग जाये। परन्तु कभी–कभी सूप बना कर पिलाता था।

फेंग लू को गाँव के स्थान दिखाते और बताते, वो पानी में डाले जाल के पास चला गया। और जब उसने पूछा कि क्या मछलियाँ फंसी तो उसने एक मछली उसके पास उछाल दी, लपक कर फेंग लू

ने उसे उठा लिया, पर फिर उसका दिल न माना और उसने मछली को वापस पानी में डाल दिया। कुछ समय बाद शालू बाकी मछलियाँ और जाल लेकर आया और उस बड़ी मछली के बारे में पूछा अरे मैने तो उसे पास पानी में डाल दिया। पर यह सुनकर भी शालू ने गुस्सा न किया। जबकि वो इन मछलियों को गाँव के बाजार में बेचता था।

फेंग लू मस्ती में नदी किनारे भागने लगी, जिस वजह से उसके कपड़े गीले हो गये। और उसे चलने में मुश्किल होने लगी, बस उसने अपने गीले कपड़े उतारे और पानी में कूद गई, यह देखकर शालू भी पानी में चला गया। यहाँ एक नया रिश्ता बन गया जो प्यार, सम्मान और भावनाओं पर बना था बल्कि शारीरिक आकर्षण से फेंग लू के कहने पर वो नदी किनारे लेट कर बात करते–करते कब वो सो गई पता ही नहीं चला। जब वो उठी रात हो गई थी और शालू कपड़े पहने बैठा था। क्योंकि ठंड शुरू हो गई थी, क्योंकि फेंग लू के कपड़े अभी गीले थे शालू ने अपनी जिन्स उसके लिए उतार कर फेंग लू को पहनने के लिए दे दी।

अब कुछ समय साथ बिताने के बाद फेंग लू सोच रही थी कि शालू कुछ खुल जायेगा बात करने में, पर ऐसा हुआ नही।

फेंग लू के इंकार से, वो उसके पास भोले बच्चे की तरह बैठ गया फिर अपनी सोंग रोड निकाल कर उसपर लिखने लगा और जब उसने कहा कि यह उसकी नई सोंग रोड है तो उसने कहा कोशिश कर रहा हूँ पर शब्द याद नही आ रहे है। फेंग लू ने कहा क्या मैं छू कर देख सकती हूँ उसने उस नई सोंग रोड को। उसने हाथ में दे दिया। देख–देख फेंग लू ने पूछा इस नई कहानी में किस बारे में लिखा है?

"यह गाना एक गरीब काम करने वाले की कहानी है।" शालू ने बताया अच्छा गाकर सुनाओ। कुछ समय सोचने के बाद वह एक–एक वाक्य के रूप में गाने लगा।" मेरा दिल उस गरीब के पास है जो

उसके चूहे के समान है जो रहता तो गिरजा घर में पर है बहुत गरीब। इन शब्दों को सुनकर फेंग लू जोर से हँसने लगी।

शालू अपनी कहानी गाने के रूप में सुनाता रहा.... मेरे आदमी के पास एक टका भी नहीं है, उसकी झोपड़ी घास से बनी है। वे अपना खाना एक टूटी हाँडी में बनाता है। वो पानी भी एक बाँस की बाल्टी में लाता है। थोड़ी देर और वो अपनी कहानी बोलता रहा, फिर उस को शब्द नहीं मिला तभी वो रूका नही गुनगुनाने लगा, ताकि उसे शब्द मिल जाये।

फेंग लू ने हक से उसे कहा तुम मेरे लिये क्यों नही गाते तो उसने जवाब दिया, मैं केवल बहुत सुबह या संध्या के समय ही गाता हूँ। क्योकि अगर मैं इस समय गाऊँगा, तो कुत्ते और मुर्गियाँ अपनी अधूरी नींद से उठ जायेगी।

पर फिर अपने आप ही वो गाने लगा ''एक नाव ही, हवा के तेज झोंकों को झेल सकती हैं जैसे ही अटूट प्रेम के सामने गरीबी भी बेईमान हो जाती है। दो लोगों के बीच प्रेम होना उस सब्जी के समान है जो बिना तेल के भी, बहुत लजीज बनती है। इस पर फेंग लू ने उस के गाने की सहराना की पर जवाब में उसने कहा, काश मेरी सोंग रोड होती तो मैं आगे की कहानी जान पाता। तुमने अपनी सोंग रोड बीजिंग में खोई थी तो तुमने वहाँ रूक कर, उसे कहा क्यों नहीं ढूँढा शालू ने कहा मुझे वहाँ रहना पसन्द नहीं है। हम गाँव के लोग, शहर के सामने कुछ नहीं है, मेरे बाबा ने भी अपनी सोंग रोड अपनी शहरवाली महबूबा की बेईमानी की वजह से खोई थी। छुटते ही फेंग लू ने कहा कही सिस्टर मैलोनसिड तो तुम्हारे बाबा की महबूबा नहीं थी?

मैं पिछली पिड़ियों के बारे में बात नहीं करता। यह तो कहानी के रूप में मैने सुनी थी पर तुम सॉग मास्टर का नाम बाबा के सामने मत लेना।

नदी के तट पर ठंड बढ़ने लगी थी, कोहरा आने लगा थ, जिस कारण ठंडी हवा चलने लगी थी जब फेंग लू को ठंड लगी तो उसने अपने पैर सिकोड़ लिये। शालू ने उसके मुड़े पैर पकड़ लिये।

अरे तुम्हे तो शहर वाले पसन्द नहीं है? फेंग लू ने छेड़ते हुए कहा तभी शालू ने कहा पर तुम सबसे अलग हो।

IX

गर्मियों की शुरूआत हो चुकी थी जैसे ही सूरज डूब जाता था कोहरा गाँव के हर घर को ढ़क देता था। रास्ता दिखाता आगे शालू चल रहा था और पीछे –पीछे फेंग लू चल रही थी। उन जंगली फूलों से भरे साँप जैसे पहाड़ी रास्ते पर।

अचानक शालू के शब्दों ने उसका ध्यान वहाँ खड़े दो बच्चों की ओर खिंचा क्योंकि उन्होने शालू को पापा कहकर पुकारा था।

फेंग लू ने पूछा, ''क्या ये तुम्हारे बच्चे है?'' लड़की मेरी 10 साल की बेटी भी है और 5 साल का बेटा मेरे छोटे भाई का है।

इस बीच शालू की बेटी बड़ी गौर से फेंग लू को देख रही थी। जबकी लड़के के हाथ में एक छोटी सी डाली थी जिस में सुन्दर–सुन्दर लाल चेरी लगी थी जो वो बड़े शौक से खा रहा था। प्यार से ओतप्रोत फेंग लू ने उसका हाथ पकड़ना चाहा, पर वो छुड़ा कर आगे भाग गया। यह कहते–कहते कि उनकी बुआ तो उनहे वहाँ न वापस आने के लिए कहा था।

शालू ने प्यार से कहा ''कोई बात नहीं अपना घर अपना ही होता है। क्या तुम अपने बाबा से मिले, वापस आने के बाद? ऐसा कहते हुये वे दूसरे कमरे में चला गया। और वो वहाँ अकेली रह गई तो वो नदी तट पर हुये अनुभव में खोई हुई थी, अचानक किसी आवाज ने उसे वापस जीती–जागती दुनिया में ला दिया। और उसे

सुनाई दी बच्चों की बातें जिस में किसी महिला का जिक्र हो रहा था जो कुछ समय पहले वहाँ आई थी और शालू से जिद कर रही थी कि वो उसे फेंग लू की एक झलक देखने दें। कुछ समय बाद वे वापस वह अपने कमरे में चली गई और ज़िओ डिंग को मैसेज किया। उसी वक्त उसकी काल आई यह पूछने के लिए की वो कब वापस बिंजिग आ रही है? क्या तुम्हे किसी भूतप्रेत ने पकड़ लिया कि तुम अपना मोबाईल बन्द कर देती हो?

गुस्से में फेंग लू ने कहा ''तुम सब मर्द एक से ही हो, तुम्हारी एक सी ही सोच और आदतें है? और—और यह कौन है, जिस को तुम मेरे साथ होने का शक कर रहे हो? दूसरी ओर से ज़िओ डिंग की आवाज आई कही यांग जिनगी तो नहीं वापस तुम्हारी जिन्दगी में आ गया है?

क्या बकवास है? गुस्से से भरी फेंग लू बोली।

चलो मुद्दे की बात करो। वूशान वूशान कब निकल रहे हो, क्या शालू को अपने साथ वापस लाने को तुमने राजी कर लिया है? उत्सुकता से ज़िओ डिंग ने पूछा?

मैं नहीं सोचती वो आयेगा? फेंग लू ने जवाब दिया उसके पास बहुत सारे छोटे व बड़े लोग और काम है, जिनमे वो व्यस्त रहा है यहाँ तक की वो अपने खेतों में भी खुद ही काम करता है।

अरे ज़िओ डिंग बोला उसे बताऊँ अगर वो बीजिंग आ जायेगा तो उसे पैसे की कोई कमी न रहेगी, इतना पैसा उसे हम देंगे? फेंग लू ने छूटते ही जवाब दिया उसे पैसे का नहीं कोई लालच है न ही इच्छा.........

ज़िओ डिंग बोला कहो तो मैं वहाँ आकर उसे समझाता हूँ? नहीं फेंग लू ने कहा और जहाँ तक होगा मैं भी कल ही यहाँ से निकल जाऊँगी। और अब मुझे भूख लग रही है, मैं जाकर कुछ खाती हूँ, इसी

बीच बाहर कुछ अफरा–तफरी की आवाजें आ रही थी। तभी शालू वहाँ आ खड़ा हुआ और बोला गाँव के प्रधान ने आपको खाने पर बुलाया है। न्यौते के साथ उसके परिवार के कुछ सदस्य बाहर, तुम्हारा इन्तजार कर रहे है?

सर हिलाते हुए फेंग लू ने लकड़ी की खिड़की को उठाने की कोशिश की, पर वो सफल न हुई तब ही शालू ने आगे बढ़कर उसकी मदद की फेंग लू ने उन लोगों के आने का मकसद पूछा तो शालू ने कहा, जब भी कोई बाहर से आता है और गाँव के लोगों को पता चलता है तो वो मिलने आते है। पर तुम तो कोई साधारण व्यक्ति नहीं हो तुम तो टी.वी. की नामी–जानी हस्ती हो, इसलिए लोग भी ज्यादा है और उत्सुकता भी ज्यादा?

फेंग लू ने शालू को समझाते हुए कहा कि वो उन लोगों को जल्दी से वापस भेज दे और उसके लिए कुछ गरम–गरम खाना बना दे, क्योंकि उसको बहुत भूख लग रही है।

जल्दी–जल्दी शालू ने दिल से रात का खाना बनाया। लहसुन में ताजी हरी मटर, गरम सूप और पौछ किये अंडे थे। जिस को बनाने में फेंग लू ने उसकी मदद भी की थी, घबराहट और डर से नमक की बोतल गिरते –गिरते बची थी। पर ताजे बनते खाने की खूशबू से उसके मुँह में पानी और पेट में चूहे बढ़ गये थे।

जब वे कमरे में गई तो देखा, खाने की टेबल पर केवल चार लोगों के लिए बन्दोबस्त था? दादा के एक ओर पोता और दूसरी ओर पोती बैठे थे, वो एक खाली जगह शालू के लिये थी। फेंग लू के वहाँ आते ही शालू के बाबा बड़बड़ा उठे जंगली मुर्गी फड़फड़ाई और घर की मुर्गी पेरशान हुई यह कहते–कहते उन्होने दोनो बच्चों को बाऊल में खाना डाला यह सब सुन और देख कर फेंग लू को एहसास हुआ कि ये कैसा दिमाग का कमजोर व्यक्ति है।

शालू ने देखा कि उसने खाना नहीं परोसा था तो वो उसकी मदद करने लगा।

पर फेंग लू ने उसे रोका और जल्दी–जल्दी खाना खाकर उठ खड़ी हुई और वहाँ से हट गई क्योंकि उस ने देखा कि इसको परेशान देखकर लड़की को मजा आ रहा था।

कुछ समय तक उसने शालू के आने का इन्त्तंजार भी किया पर वो आया नहीं क्या वो इतना कठोर दिल है कि यह देखकर भी कि वो खाने के समय परेशान थी वो उसका हाल पूछने नहीं आया? गुस्से में वो उसे देखने बाहर गई सब बत्तियाँ बुझ चुकी थी, तभी उसे याद आया कि कही वो दुछत्ती पर तो नहीं जहाँ काली मिर्च और मक्के सूखने के लिए लगाये जाते थे। सर्दियों पर पैरो की आहट सुनकर शालू को अंदाजा हो गया था कि वो कौन होगा? पर इससे पहले के वो याद दिलाता उसका सर नीची छत से बज चुका था और उस कारण उगी काली मिर्च की धुनी सब ओर फैल गई थी।

शालू ने लपक कर उसे संभालने की कोशिश की पर फेंग लू ने उस अपने को छुड़ाने की कोशिश पर फिर भी उसके बड़े हाथों से बच न पाई, पास आने पर उसे बहुत ही तेज तम्बाकू की खुश्बू ने उसका मर्द होने का एहसास कराया, फिर उसे कोई छटपटाहट न दिखाई, बस उसकी बड़ी और सुडौल बाँहों में शांत हो गई

X

आ ही गई, वापस आने वाले दिन की सुबह, उसे ऊँची पर, मीठी–मीठी आवाज शालू के सुबह के गाने की आ रही थी, अब तो वो उसका उच्चरण और स्वर दोनों ही को कभी भी और कही भी पहचानने लगी थी। बिस्तर पर लेटे–लेटे उसे पिछली बातें याद आने लगी।

जब वो मिले थे उसे याद आया 'अचानक और जल्दी' में था और अब अन्त भी अचानक और जल्दी में रहा था दूर से आती शालू भी कुछ ऐसी भावनाओं से भरा था हम इन दो पेड़ों की तरह है, जो अलग–अलग पहाड़ों पर लगें है ? ये बातें उसे आखिरी रात में बिस्तर पर अकेले लेटे आई कि उसकी नींद कहीं खो गई। वो उठी और अपनी समान बाँधने लगी, यह सोच कर कि वो मिलने आयेगा। उसने बढ़ी हिम्मत कर के दिल पक्का करके बिना शालू से मिले वहाँ से सुबह–सुबह निकलने की सोची पर दिमाग ने साथ न दिया, इतने दिन, उसने हर तरीके से उसका बहुत अच्छा साथ निभाया था। अतः जब सुबह उसने देखा कि दोनो बच्चों को लिये वो पहाड़ों की चोटी पर जा रहा था तो अचानक उस ने उस के बाबा को झाड़ू लगाते देखा उन पहाड़ी रूपी सीढ़ी पर और उस लय पर गा रहा था वो कुछ ऐसा गीत जिसमें एक तेज रफ्तार में सुनहरी गद्‌दी वाला घोड़ा, बाँस की हरी फसल में, ऐसा प्रतीत हो रहा था जैसे वो उस का स्वागत कर रहे हो। हवा में इधर–उधर लहराते हुए।

फेंग लू ने दूर देखकर आवाज लगाई शा अंकल "मैं जाने वाली हूँ, आप के पास आकर धन्यवाद कहना, चाहती हूँ पर उसने रोकते हुए कहा अरे कोशिश मत करना यहाँ आने की यहाँ तक आने में बहुत समय खराब हो जायेगा केवल लगता ही था कि वो पास है पर घूमते हुए रास्ते बहुत दूर तक थे।

फेंग लू मुड़ी यह सोचते–सोचते कि दोनों बाप और बेटे को शहर से हताशा ही मिली थी दोनों का ही शहर और शहर वालों के प्रति विश्वास टूट चूका था। सॉग मास्टर ने शालू के पिता की सोंग रोड और अब शालू ने अपनी सोंग रोड खो दी थी। क्या शालू को मेरी जरूरत है या मेरे को शालू की? इस सब मानसिक सवाल जवाब के बीच ही उसने देखा शालू ओस से गीले कपड़ों में वापस आ गया था। वो तुरन्त ऊपर गया। अपने कपड़े बदले और सुन्दर लगता हुआ वापस

आया। उसने फेंग लू का सामान उठाया और आगे–आगे चलने लगा, पीछे चलती फेंग लू ने देखा कि सब की खिड़कियाँ खुली हुई थी और सभी इन्ही को देख रहे थे। यह दोनों आगे–पीछे बिना बात किये चले रह थे। जब वह लोंगचुआन नदी के तट पर पहुँचे तो फेंग लू ने अपना समान पकड़ने के लिए हाथ बढ़ाया तब शालू ने कहा कि वो उसे छोड़ने साथ चल रहा है। नाव बहुत छोटी और हिल रही थी। पर शालू को हाथ से सहारा देकर उस को अच्छे से चढ़ाया यह ही नहीं एक अखबार बिछाया क्योंकि नाव गीली थी और फिर उसे बैठने को कहा। यह सब देखकर फेंग लू ने महसूस किया कि शालू न केवल एक अच्छा भावुक और सूझ–बूझ वाला मर्द है पर साथ–साथ उसको महिलाओं का आदर, सम्मान करना भी आता है।

जैसे ही शालू नाव पर चढ़ा नाव खेनेवाले ने गाने की फरमाईश कर दी जिसे सुनकर और लोगों ने भी अपनी आवाज उसकी फरमाईश में उठा दी जब फेंग लू ने भी उसे गाने को उकसाया। उसने विरह का एक गीत गाया जो एक प्रेमी जोड़े के बारे में था, बस ऐसा लग रहा था जैसे कि वो उस गाने में खो सा गया था। और सभी यात्री शांत भाव से सुनते रहे पता नहीं कितने और कितनी देर तक वो गाता रहा। जब वो लोंगचुआन नदी तट पर पहुँचे और फिर शहर तट पर जहाँ पहुँच कर फेंग लू को वो सीढ़ियाँ दिखी जहाँ उसने शालू को देख था। तभी शालू ने उसका सामान उसको पकड़ा दिया। यह कहते हुए कि अब वो जा सकती है। फेंग लू ने पूछा क्या तुम नहीं साथ आ रहे?

उसने केवल सर हिला कर ना का इशारा कर दिया।

फेंग लू सीढ़ियाँ चढ़ने लगी, पर उसने पीछे मुड़ कर नहीं देखा।

यिचांग हवाई अड्डे पर ज़िओ डिंग और अन्य सदस्य मिले। चेक–इन के बाद सुरक्षा जाँच के लिए कहा गया ज़िओ डिंग को गार्ड ने अपना सामान बाहर निकालने को कहा जो एक 'बैकपैक' में बहुत सारी जेबों के साथ था, अचानक उसकी किसी जेब से एक सोंग रोड

निकल कर गिरी, जिसे देखते ही फेंग लू ने पूछा ओ शालू की सोंग रोड तुम्हारे पास कैसे? बहुत कोशिश के बाद उसे याद आया कि जब शालू बीजिंग गया तब पुर्वाभ्यास के दौरान उसे पकड़ने को दी थी जो उसने अपने बैकपैक में रखकर भूल गया था।

फेंग लू बोली यहीं तो शालू के लोक गीतों का खजाना है जैसे सोंग रोड उसके हाथ में आई तो वो सोचने लगी क्या अब शालू बीजिंग आयेगा?

सात रातें रोज बाग में
(Seven Nights at Rose Garden)

I

रास्ते के दोनों ओर बहुत मुश्किल था फलों और उन पर मँडराती टिड्डयों को देख पाना, क्योंकि दोनों ओर ही घास बहुत ऊँची हो चुकी थी और रात के उस अंधेरे में चिड़िया, भँवरे व अन्य पक्षी सब अपने–अपने घोसलों में सो चुके थे। सन्नाटा ही सन्नाटा दिखाई दे रहा था हर दिशा में।

नीद में गिरता हुआ, अपने ही बोझ से लदी मा सोंग की आँखें भी झुकी हुई थी। पतझड़ की ठंड और सूखे पत्तों की बारिश से रास्ता भरा हुआ था। पाला पड़ना शुरू हो चुका था उसके पैर इस कारण बहुत ठंडे हो चुके थें। तब उसे लगा कि शायद वो जगह सोने के लिए ठीक नहीं थी तभी अचानक उसको सुबह देखा हुआ विला याद आ गया, जिस की दीवारे सफेद और छतें लाल रंग की थी। उसे लगा जैसे, अन्धेरे में कोई सितारा चमकने लगा था जो उसे अपनी ओर खींच रहा था। तभी एक आवाज ने उसका ध्यान अपनी ओर किया यह पूछते हुये, वो वहाँ क्या कर रहा है? आँख उठा कर देखा तो वो वहाँ का गार्ड था। लाचारी में जवाब दिया कूड़ा उठा रहा हूँ। गार्ड बोला चलो एकदम बाहर निकलो? अपनी बगल में दबाई बोरी के अन्दर दो बोतल रखते हुये फिर गार्ड की आवाज सुनाई दी। सुना नहीं बाहर निकलो कहते हुये वो धक्का देने को आया पर मा सोंग ने कुछ कहे

बिना ही वहाँ से बाहर जाना ठीक समझा क्योंकि उसे आदत हो गई थी ऐसी बातें, शब्द और व्यवहार की वो बड़े गेट से बाहर निकला पर रात को उस फूलों से सजे गेट से नहीं पर एक छेद से जो उसके झाड़ियों के बीच में बना रखा था, कुछ दिन पहले वो मटरगशती कर रहा था जंगलों में जब अचानक उस को कुत्ते के पिल्लों का एक जोड़ा आपस में खेलता दिखा सफेद वाला कुत्ता था और पीली वाली कुत्ती। उनको देख कर उसको ऐसा लगा जैसे अन्तराष्ट्रीय गेम्स का कोई खेल देख रहा हो। ये जानने के लिये कि वह दोनों पिल्ले कहाँ से आये थे वो उनके पीछे गया और देखा कि इन दोनों ने एक दीवार के नीचे वाले हिस्से में, एक छेद कर लिया था जिस से वे आराम से अन्दर बाहर आते थें। इसने सोचा जब यह आ जा सकते है तो वो भी इसका इस्तेमाल कर सकता है उसने कोशिश की पर छेद उस के लिए कुछ छोटा था तो उसने पहले नीचे ऊग रही घास और ईटें निकाल दी। तब उसने देखा कि वो आराम से दूसरी ओर पहुँच गया। इसलिये गार्ड के 'गेट–आऊट' से वो डरता नहीं था क्योंकि बिना चले वो फिर आराम से अन्दर आ सकता था। मा सोंग को पैसे वालों के आरामदायक घर पसन्द थे। खासतौर पर जो खुले और पोपलार के पेड़ों से घिरे होते थे। क्योंकि वो बाहर से गाँवों की खुली हवा की याद दिलाते थे। जैसे कि तीन जार्ज का क्षेत्र, हालांकि यहाँ के बागों में घास मशीन से कटी होती थी, गलीचा साफ–सुथरा और रात में रोशनी से जगमगा रही थी। कभी–कभार कोई गार्ड इधर–उधर जाता दिखता था। एक–एक परिवार वाले यह घर सुन्दर और विशाल लगते थे। पर रात में वो खाली होते थे, क्योंकि कोई भी नही वहाँ सोता था।

एक दफा जब वो एक फ्रिज देने गया था तो उसके दिल में यह इच्छा हुई थी कि अगर यह घर उसके पास होता तो वो उन को लोगो, खाने या लकड़ी जलाकर गर्म रखता। और अगर वो जिन होता तो वो रोज हाथ लगा कर उन्हे गर्म रखता।

पतझड़ के आने से ठंड बढ़ चुकी थी। सूखी काली पत्तियाँ हवा के झोकों के साथ यहाँ–वहाँ उड़ रही थी, और अगर पैर के नीचे आ जाये तो हड्डियाँ तक ठंडी हो जा रही थी पतला, दुबला मा सोंग सर्दी के मौसम से एक पतली सफेद कमीज पहने इधर–उधर घूमता था क्योंकि उस के पास कुछ और था ही नहीं पहिनने के लिये। सभी के घरों के दरवाजें बंद थे। हालांकि ये कोशिश कर रहा था उन्हें खोलने की पर उनमें से काई भी नहीं खुला। इसी बीच चोरों से बचने वाला दरवाजा भी लोग लगाने लगे जो आधुनिक दिखता उस पे कई सुन्दर डिजाईन बने हुये थे।

और खिड़कियों पर गार्ड–लॉक लगे थे। कोशिश करते करते अचानक एक खिड़की खुल गई .....बस उसकी तो खुशी का अंत ही नहीं था।

घर के अंदर गरमाहट थी डबल रोटी की खुशबू उस के नाक में आ रही थी .....वो भौंचका हो कर हर चीज को छूकर देख रहा था। जैसे की परीक्षा देने वाला बच्चा देखता है। तीन मंजिले घर का निरीकक्षण करने के बाद उस ने बैठ कर आराम से कुछ खाने की सोची एक टेबल के ऊपर रखकर दूध ब्रैड इत्यादि खाते हुए उसने दीवार पर लगे टीवी को देखा जो बहुत बड़ा और एक पुरुष और एक महिला की प्रेम में डूबी अकृति को देखा। यह मोम से बनी तीन जार्ज क्षेत्र से थी।

II

दूसरे दिन सुबह उस की आँख कुत्ते के भौंकने पर खुली ..... कुछ समय तक तो वो यह सोचता रहा कि वो अपनी गाँव के पुराने घर मे अपने ही बिस्तर पर सो रहा था। पर जब उसने नींद से खुली अपनी आँखों को पूरा खोला तो देखा कि सफेद सुंदर पर्दे और जामुनी रेशमी रस्सी बेस यकायक उसे याद आ गया कि वो एक विला में

पिछली रात रसोई कि खिड़की में घुसा था। वो भी रेंग कर, जो अभी भी खुली हुई थी..... एक बार सोचा उसने बाहर निकलने कि पर.....कि भौंकने ने उसे रोका और विला के खुले दरवाजे ने उसे अपने और देखने को मजबूर किया। बस क्या था। निकल पड़ा विला को देखने के लिए हर समान पर सफेद चादरें पड़ी थी। परंतु जब वो दूसरे तल पर पहुँचा तो उसने देखा कि वो किताबों से भरा हुआ था पर धूल से भरा हुआ था..... ऐसा क्यों..... अच्छा ये तो अमीर लोग होते है, इन के पास एक ही नहीं 2–2, 3–3 सुंदर–2 महल जैसे घर होते है जहाँ वो कभी कभी रहने जाते है। यह विला शान–शौकत और हर वस्तु से लैस होती है, सिर्फ इन का इस्तेमाल कभी–कभी होता है। अचानक, एक बैचनी उसे महसूस हुई और याद आ गये तीन जार्ज क्षेत्र के घर, सिचुअन मे जहां, मक्का, तम्बाकू, काली मिर्च इत्यादि कमरों में सुखाने के लिये लटकाई जाती थी, पर यहाँ सब कुछ अच्छे से अलमारियो में संभाल रखा था। खुशीर तो आगे बढ़ा, सीढ़ी चढ़ते ही उसे सुगन्ध आई लकड़ी के फट्टों की, जैसे सिचुअन मे आती थी।

कुत्तों की तेज भौंकने की आवाज ने उसे खिड़की पर जाकर देखने के लिए मजबूर कर दिया। वो दो सफेद और पीले कुत्ते के बच्चे दिखे जिन्होने इसे दीवार मे उनके द्वारा बनाया रास्ता दिखाया था। क्योंकी वे इधर आ रहे थे तो वहाँ के बाकी कुते, "भौंक" रहे थे।

इसने खुली खिड़की से, सासिज उन की और फेंकी, जिसे सफेद बच्चे ने मुँह मे उठा लिया और खाने लगा पर पीले वाले ने हाथ तक नहीं लगाया। यह देख कर मा सोंग को लगा की वो उस सफेद कुत्ते की तरह है जो सब कुछ खा लेता है, उस कुत्ते की तरह, जिसने फेंके हुए खाने को हाथ तक नहीं लगाया, 'वह कई जानवर, इन्सानो से ऊपर है।' उसने बस आँख उठा कर ऊपर देखा, और देखता ही रहा। वह बाहर जाने की सोचने लगा, 'कूद कर' पर किसी के इंजन की आवाज बाहर सुनाई दी, ये डर गया, उसने एक 30 साल की

महिला को देखा सोचा 'स्टोर रूम' में छुप जाए पर फिर इरादा बदला और ऊपर वाले तले में चला गया, अचानक उस औरत की 'चीख ..... ने ..... इसे भयभीत' कर दिया। पर ऊपर से झाँका तो देखा कि आँगन मे रंग–बिरंगा छोटा बड़ा समान पड़ा था। और वो दोनों कुत्ते के बच्चे वहाँ खेल रहे थे, जिन्हे देख कर वो महिला इतना खौफसदा हो गयी थी की वो उन पर 'चीख' उठी थी।

अब मा सोंग की सांस मे सांस आई और पैरों ने हिलना बंद किया।

वो 'चीख'–2 कर पूछ रही थी, यह किस के कुत्ते है।

जानवरों को असली मालिक पहचानने का भगवान से दिया हुआ वरदान होता है, ऐसा ही कुछ यहाँ दिखा एक दूर से और दूसरा पैरों के पास से, वहाँ से चले गए। और वो महिला अपना सामान अंदर लाने मे व्यस्त हो गयी। तभी गेट से आवाज आई 'बड़ी–दीदी' गेट खोल दो। 'मैं आ गयी हूँ।"

सब कुछ शांत था पतझड़ की उस सुबह, कभी कभी झड़ते पत्ते या चलने की आवाज वहाँ सुनाई देती थी। तुम, 'कल क्यों नहीं आई, मैंने तुम्हारे घर पर फोन पर बता दिया था की घर साफ कर देना, 'अरे दीदी' मैं आ ही रही थी आचानक, माँ को माइग्रेन (MIGRANE) के दर्द मे देख कर, उसके लिए दवा लेने चली गयी और जब तक, मैं वापस आई रात हो गयी थी।

काम करने वाली लड़की की बातें सुनकर, घर की मालकिन बोल उठी, "तू न केवल बहुत बातें करती है पर काम भी बहुत करती है," इस वजह से तुझे कुछ भी नहीं कहा जा सकता।

'अच्छा–अच्छा जल्दी–जल्दी काम करो दोपहर मे कोई आने को, और हाँ, शीशे जरूर बाहर से साफ कर देना उनके आने से पहले।

नीचे सब कुछ 'शांत था' इस कारण जब भी कोई बात करता था, साफ–साफ मा सोंग को सुनाई दे रही थी।

दिन बहुत लंबा और थकाने वाला था। क्योंकि उसने अपने को एक कमरे के कोने में छुपा रखा था, खुले दरवाजे से कुछ–कुछ रोशनी आ रही थी। और जैसे–जैसे दिन चल रहा था वैसे–वैसे रोशनी भी अपनी दिशा बदल रही थी। दोपहर के समय जब रोशनी कुछ ज्यादा थी उसे महसूस हुआ की, "वहाँ धूल जैसे नाच रही हो?" पर वो कुछ कर नहीं सकता था, इसलिए उसने अपने घुटने, अपनी बाँहों मे मोड़कर पकड़ लिए। और वो बीच–बीच में, सोता–जागता रहा। अरे क्या मुसीबत है, 'न हिल सकता हूँ' 'न निकल सकता' क्योंकि वो ऐसा कुछ करता और उस घर से कोई उसे देख लेता, 'तो बस जिंदगी तबाह हो जाती मुझ से तो अच्छा एक चूहा है, कहीं भी और कभी भी जा सकता है, यहाँ तो सांस भी देख कर लेनी पड़ रही थी।

'दोपहर होते तक, तो' उसको इतनी भूख लगने लगी थी जैसे जान ही निकल जाएगी। क्यों रसोई मे बन रहे गरम–गरम स्टू की खुशबू उस तक पहुँच रही थी। पर करता क्या.......

शाम होते तक रोशनी बहुत कम हो गयी थी केवल आवाजें ही सुनाई दे रही थी। तभी – "मी याओ" की मर्दानी आवाज सुनाई पड़ी। जो बुला रहा था औरत ने जवाब दिया, "अरे तुम कब आए पता ही नहीं चला।"

आदमी बोल रहा था, 'मैं तुम्हारे पास भी हूँ' और 'दूर भी' तुम्हारे ऊपर है। औरत ने खुशी से कहा 'चलो गरम–2 स्टू तैयार है."

आदमी बोला, अरे इतनी सारी चीजें क्यों बना रहे हो?

तभी आवाज आई 'वाइन–की–बोतल' खुलने की, खुशबू से ही मा सोंग बता सकता था कि उसके यहाँ मिलने वाली 'मक्के की वाइन' जैसे तेज न थी।

फिर टेबल पर खाना लगा और वो औरत, जिसका वो घर था और पुरुष के साथ बात करते–करते खाना–खाती रही, मी याओ बहुत सुंदर महिला थी पर मा सोंग को पता लग गया कि वे पति–पत्नी न थे। कारण के, वो आवेश मे नहीं, परन्तु एक सभ्य तरीके से एक दूसरे से बात कर रहे थे। धीरे–धीरे बातें और बर्तनों की आवाजें बंद हुई, जब शयन कक्ष का दरवाजा जोर से बंद किया गया। उसके बाद केवल, दर्द मे कहराने की आवाज मी याओ की आ रही थी .... इधर इसके खाली, पेट से आने वाली आवाजें बंद हो गयी पर नीचे के अंगों में पसीना आने लगा।

III

रात होते ही मा सोंग नीचे आया और धीरे–धीरे बाहर की ओर जाने लगा, पर रसोई मे रोशनी देखकर, वे पहले उस और गया प्लेटों और बाउल से खाने का समान ले कर वो, उसी रसोई वाली खिड़की से बाहर निकला।

रात बहुत खुशनुमा थी। "क्योंकि अब तो आजादी से सांस ले रहा था। अपनी बोरी मे खाने का समान ठीक से रख कर वो उस दक्षिणी दीवार की ओर गया जहाँ की उन कुत्ते के बच्चों ने छेद कर रखा था। 'यह क्या किसी ने दीवार की मरम्मत कर दी थी। उसने नई मरम्मत की गयी दीवार को तोड़ने की सोची पर 'सफलता नहीं मिली' फिर 'कूद कर' दीवार के उस पार पहुँचा' और उसका स्वागत सफेद और पीले कुत्ते के बच्चों ने किया 'डर कर' इसने एक लात, सफेद वाले को मारी...... उड़ता–उड़ता वो दूर जाकर गिरा, उसकी भोंक अब 'कांय–कांय मे बदल गयी। यह सब देख कर पीला वाला तो दूर अपने आप ही जा कर बैठ गया।

मा सोंग ने अपनी बोरी से खाने का समान निकाल कर खाना शुरू किया हड्डियाँ, वो दूर पड़े सफेद पिल्ले कि ओर फेंकने लगा। और

बताते हुए बोला, कुत्ते के बच्चे' मुझे पहचान ले इस बार तो लात मारी है, पर अगर आगे कभी भौंका तो 'जिंदा नहीं छोड़ूँगा' ऐसा करने से उसने दोनों का वशीकरण कर लिया जो चुपचाप आकर बड़ी मुश्किल से उस के पास बैठ गया, इंतजार में कि खाने के बाद, वह कुछ देगा?' जब पेट भर गया तो, वो चलने को तैयार हुआ। इधर–उधर हाथ से टटोलते उसे अपनी जेब मे वो घड़ी मिली जो उसने चुपके से उठाली थी। कारण उस को हर अच्छी चीज अपनी ओर खींचती थी जो सुंदर, महंगी और अमीरों के पास होती थी। उसने घड़ी को अपनी कलाई पर लगा लिया, उसे लगाते ही उसे लगा जैसे वो अब एक मर्द बन गया था। अपनी कमर सीधी करके, बड़े गर्व के साथ गर्दन उठा कर चलने लगा अरे उसे याद आया, उसने एक जैकट भी तो अभी–अभी उठाई थी, हो सकता है उसकी पॉकिट मे कुछ हो?" पर यह प्रयास 'बेकार' गया। अरे एक मोबाइल भी तो उसके पास था।

गौर से देखने से उसे पता लगा कि वो तो एक 'डमी मोबाइल' था। पर उसमे मोबाइल नम्बर जरूर 'सेव' किए जा सकते थे। और लाओ माऊँ जो एक हाउस एजेंट और ऐसे कई और जरूरी लोगो के नम्बरों से लदा हुआ था सोचने लगा कहाँ मिलेंगे और नम्बर अरे–2 ऊपर के 'ऐटिक' कहीं सम्भले हुए मिल जाँएगे इससे पहले की दिन निकल आये पर चिड़ियों और पंछियों की चहचहाट में, रात के अंधरे को काटती हुई सूरज की किरणों ने, उसे सफेद घर पर, एक चिराग रूपी लालिमा फैलानी शुरू की।

तब तक यह वहाँ पहुँच गया था लाल रंग की पट्टी पर तरेपन (53) दूर से दिखाई दे रहा थ। बस बिना हल्ला किया, खिड़की के रास्ते वो 'ऐटिक' की ओर गया। ताकि इससे पहले की उस घर के लोग उठ जाए वह मोबाइल लेकर वापस आ जाएगा।

सीढ़ी चढ़ते समय नीचे से आवाजें आ रही थी। मी याओ बुला रही थी अपने से जवान उस आदमी को जो कल शाम आकर वहाँ

रुका था। जवाब न मिलने पर उसने उसे पीछे से जाकर प्यार से पकड़ते हुए, एक और दिन के लिए रुकने को कहा? पर उसने कहा कि यह जगह बहुत दूर है, जिस कारण एक घंटा आने और एक घंटा जाने में लग जाता है। और "रुक तो वो सकता ही नहीं क्योंकि वो बता चुका है की उसको "किसी बिजनेस के काम से जरूरी जाना है।" अपने को छुड़ाते हुए वो बोला और प्यार से उसके गाल को चूम लिया।

मी याओ ने गुस्सा दिखाते हुए अपने को छुड़ाया और नींद का बहाना कर सीढ़ीयों से ऊपर जाने लगी। सीढ़ी के नीचे दुबका वह चोर सोचने लगा 'अरे यह तो उस नाटक की तरह है जो तीन जार्ज क्षेत्र 'लाइफ–साइज ड्रामा कहलता है।"

वो आदमी देखता रहा मी याओ की तरफ, जब तक उसकी आँखों में खुजली नहीं होने लगी। कारण था की, वो रात भर नहीं सो पाया था, इस डर से की कहीं मी याओ उसके 'खर्राटों' से घबरा न जाए। क्योंकि उसके जल्दी वापस जाना था। वो अपनी चीजें इक्ठ्ठी करने लगा, पर उसको उस की घड़ी नहीं मिली तो उसने मी याओ को आवाज दे कर पूछा की कहीं उसने तो नहीं उसे सम्भाल कर रख दिया है।

झुनझुनाई हुई मी याओ ने कहा 'जाना है तो जल्दी जाओ' 'यहाँ रुकने की कोई जरूरत नहीं?' अरे उस आदमी ने कहा मैंने अपनी जैकेट और घड़ी दोनों यहाँ रखी थी पर, पता नहीं कहाँ चली गयी है मिल नहीं रही है। बहुत महंगी थी 10,000 की खरीदी थी। क्या? मी याओ बोली, जरूर किसी लड़की ने दी होगी। तुम तो खरीदने वाले नहीं?"

इनकी इस लड़ाई को देखते हुए छिपे हुए चोर ने 'पैनकेक' का नामकरण कर दिया, क्योंकि उसको उस आदमी की शक्ल 'पैनकेक' की तरह लगी। लड़ाई बढ़ती रही मी याओ की बात से गुस्साय आदमी

ने जवाब दिया, तुम्हारी कहाँ औकात ऐसे घर को खरीदने की ये सुनते ही मी याओ ने उसे एक थप्पड़ मार दिया गुस्से मे बाहर जाते–2 वो बोला मैं पुलिस को बुला दँगा, "अगर मेरी घड़ी ना मिली?"

मी याओ फिर कमरे में रोते–2 चली गयी और शाम तक बाहर न आई।

अब तो इसको लगा की, "वो आजादी से घूम सकता है पर पहले गया और पेशाब की फिर शराब से अपने गले को तर दिया और मुंह पर पनी लगा कर उसे साफ किया .... ये सोचते–सोचते कि अगर वो अभी जाता है तो 'उसका प्रयास बेकार गया?"

IV

शाम होते ही जिआओ काम करने के लिए आई, घर को अन्धेरे में देखकर उसने सबसे पहले बत्तियाँ जलाई, जिसे देखकर मी याओ अपने सोने वाले कमरे से बाहर आई और जिआओ, जिआओ करके आवाज लगाई, अरे आज क्या आप सारा दिन सोती ही रही है, भूख नहीं लगी क्या? जिआओ ने कहा आज मेरी माँ ने पैनकेक बनाये थे, तो मैने सोचा आप के लिए ले चलूँ, पता है मेरी माँ पैनकेक और बन बहुत सुन्दर बनाती है, मैं उनको अक्सर कहती हूँ कि आप एक दुकान खोल लो खूब बिकेगा पर वो मानती ही नहीं है।

जिआओ अपने परिवार के बारे में बताती रही ऐसा है, वैसा है। पर मी याओ को तो घड़ी जो खो गई थी उसके बारे में पता करना था। बात काटते हुए। उसने जिआओ से पूछा अरे तूने को घड़ी तो नहीं देखी? और फिर शुरू हो गई कि मेरे पिताजी कहते हैं कि कभी भी किसी की दराज नहीं छूनी चाहिए और अगर किसी को चोरी करते पकड़ लो तो जोर का थप्पड़ उसके मुँह पर मारो और वापस घर भेज दो फिर ढूँढ़ने के इरादे से उसे जिआओ से पूछा बताओं कैसी घड़ी थी? कहाँ रखी थी? मैं फिर ढूँढ़ना शुरू करती हूँ?

अचानक मी याओ ने जिआओ को कहा चल छोड़ उसको बता अपने परिवार के बारे में?

जिआओ ने बताते हुये कहा, मेरे माता–पिता और मेरे दोनों भाईयों को तो एक ही जनून है कि शहर के किसी स्कूल में उन्हें दाखिला मिल जाये? पता है कल तो इसी कारण उसके सर में इतना सरदर्द हुआ कि दवा के साथ भी उसे आराम नहीं मिला यह कहते–कहते जिआओ मी याओ को और सूप डालने ही वाली थी कि उसने मना कर दिया। यह कहते हुए जा अब अपने बर्तन साफ कर लें। जिआओ यकायक बोली आप की सुन्दर जिन्दगी कितनी अच्छी है, यह सुन्दर बड़ा घर जिस में आपके आराम की चीजे है और एक मेरा हिसाब देखिये इतनी मेहनत के बावजूद न पैसे, न आराम और न ही अपना घर है? जब तक खरीदने को होगा तो पुराना और छोटा सा ही हो पायेगा। अगर मेरे पास ऐसा घर होता तो मैं आराम से आँखें बन्द करके उसमें सोती।

जिआओ को हँसी आ गई बोली मेरे बाद यह घर तू ले लेना उधर से जिआओ ने रसोई में बर्तन साफ करते–करते बोली ऐसा घर तो मैं सपने में भी खरीदने की नहीं सोच सकती? क्या आज भी आज फंगस सूप पीना चाहोगे तो मै बना देती हूँ? मी याओ ने कहा नहीं मैं तो वापस शहर अभी जा रही हूँ क्या–क्या जिआओ ने घबराहट में कहा अरे अब तो बहुत देर हो गई है। नहीं मुझे कोई जरूरी काम है तो मैं वापस जा रही हूँ अभी–अभी मी याओ कपड़ों की बेलट खोलते–खोलते सीढ़ियाँ चढ़ रही थीं। कपड़े बदल कर वो जल्दी से वापस आई तो जिआओ जो दरवाजे पर खड़ी थी बोली, आप के मेहमान बहुत जल्दी वापस चले गये। इतना भी समय उनके पास नहीं था कि फल्श चला देते इतनी गंदी बदबू आ रही थी? अब मैने साफ किया है यह सुनते ही मी याओ ने अपना रूख उस बॉथरूम की ओर किया जिस के बारे में जिआओ बता रही थी अरे अब तो मैं कर चुकी और कोई बड़ी बात नहीं है, परिवारों में तो यह सब होता रहता है।

मी याओ ने जिआओ को बताया कि उसका कोई परिवार नहीं है, वे अकेली ही है।

जिआओ ने उसका दिल दुखाने वाली बात के लिए माफी माँगी और चली गई मी याओ ने भी अपनी बी.एम.डबलू. गाड़ी की ओर कदम बढ़ाये और बैठते ही बत्तियाँ जला दी जिन की रोशनी सीधे बाग में बने ऐटिक की अलमारी पर पड़ी। मा सोंग जो उसकी आड़ में छुपा हुआ था डरने लगा की कही रोशनी में उसकी आँखें न खिड़की से चमकती नजर आये। पर ऐसा नही हुआ।

रह–रह कर उसको स्कूल में की गई आलू की चोरी की बातें उस के जहन में आने लगी। कैसे छोटे–बड़े आलू निकाल कर वो और उस के दोस्त, सूखी डालियों की आग में भूनकर खाते थे जिस की खूशबू सारे गाँव में फैल जाती थी।

उस रात भी उस को कुछ ऐसा ही एहसास हुआ। मीट सूप के गरम बाऊल के साथ जिआओ की माँ की हाथों के बने पतले–पतले पैनकैक बहुत ही स्वादिष्ट थे। आज उसे वो सब एक सपने जैसा नजर आ रहा था। जब वो नये बनने वाले स्थान पर काम करके नहाते थे तो गर्मियों में तो बहुत अच्छा लगता था पर पतझड़ तक पानी बहुत ठंडा महसूस होता था। पर आज गरम पानी में शेंम्पू लगा कर पीठ भी आराम से साफ की जा सकती थी।

वो पूरी रात, खुशी के मारे, सो ही नहीं पाया इधर से उधर घूमता रहा बस मी याओ के कमरे में घुसने की वो हिम्मत ही नहीं कर पा रहा था।

काफी समय बाद हिम्मत जुटा कर वो वह घुसा तो देखा उस का गुलाबी गाऊन वहाँ पड़ा था। एक मिनट तो उसको गलतफहमी हुई कि वो मी याओ अभी वहीं सो रही है पर डर हटते ही उसने कमरे में लटकी तस्वीरें देखनी शुरू की। अचानक उस की नजर राष्ट्रीय

ध्वज के नीचे खड़ी कुछ लड़कियों की तस्वीर पर पड़ी और ध्यान से देखते हुए उसने मी याओ को पहचान लिया।

वाह उसने सोचा इसीलिए मी याओ उसको इतनी पहचानी लगती थी उसने सोचा हो सकता है ये एक टीवी की नामीधामी हस्ती हो, जिस पर वो गर्व कर सके।

V

वे दो दिन जो मा सोंग वहाँ रहा था ऐसा लगा जैसे उसने कुछ नया काम ले लिया है। पूरे घर में घूम–घूम कर सब चीजों को छू छू कर इस्तेमाल करा था। यहाँ तक की 'इन्टरनेट' का भी भरपूर मजा उठाया था। उसने देखा की 'इन्टरनेट' सेवायें 'कैफे' में स्लो होती थी पर यहाँ वो बहुत तेज थी।

उसने अपना क्यू क्यू खोला तो देखा उसके लिये कई मैसेज थे। यहाँ तक एक मैसेज में पूछा गया था की उसका मोबाइल बन्द क्यों है, कई दफा कर चुके है पर बन्द ही मिल रहा है। पूछने वाला और कोई नहीं लाओ माऊ था जिस का असल नाम चिवालरस स्वोर्ड मैन था जो वेस्टर्न हिल का था इस के माता पिता ने बहुत युवकों को रोजगार दिया था उनमें से एक मा सोंग भी था पर कुछ समय बाद लाओ माऊ का रवैया बदल गया और एक हादसे के कारण मा सोंग 'मौत के मुँह से मरते मरते बचा तभी उस ने मा सोंग को उसका जिम्मेदार ठहराया।

हताश होकर, वे उस दिन से अलग हो गया और अलग अलग काम कर के गुजारा करने लगा जैसे लड़ने का काम, बिजली के उपकरण घरों में पहुँचाना आदि। ऐसे ही एक दफा लाओ माऊ से मुलाकात हुई थी, जिस में दोनों एक दूसरे को देख मुस्काराये थे।

घर आने पर उसे चिवालरस स्वोर्ड मैन का एक संदेश देखने का मिला जिसमे वो मा सोंग से उसका पता पूछ रहा था क्योंकि यह खबर उसे उसके माता पिता को देनी थी जिनके पास से।

VII

बाग में बेले जंगली घास निकाल पाना मा सोंग के लिये एक पहाड़ जैसी मुश्किल बन गया था और उधर जिआओ कियाओ बारी–बारी आकर देखती कितना और कैसा काम चल रहा था।उसका यह आने जाने का सिलसिला, इसे उस के मुँह पर देखने को मजबूर करता और हर बार उसको लगता जैसे लड़की को उसकी चोरी के बारे में पता लग गया है। और ऐसा विचार आते ही उस के मुँह का 'रंग काला पड़ जाता और काम करते हाथ रुक से जाते .... उधर बाग की जमीन इतनी पथरीली और कड़ी थी जैसे कोई चट्टान हो .... खुद ही नही रही थी इस डर और काम की लड़ाई मे वो बह गया उन दिनों में जब वह अपने़ पिता के साथ रहता था तीन जार्ज क्षेत्र में और चाहता था कि वो वहाँ से दूर जाकर काम करे जबकि उस के पिता चाहते थे कि वो पहाड़ों में उनके खेतों पर काम करने में उनकी मदद करे और जिन्दगी जीने के लिये कमाने लगे, इसी कारण वो डरा धमका कर साथ ले जाते थे पर काम नहीं करा पाते थे। सुबह से उसको हँसता देखकर जिआओ कियाओ गुस्से मे कहा 'तुम साज सज्जा कंपनी से हो तो काम करो मा सोंग बोलने चालने के लिये आगे बढ़ा और अचानक पूछ बैठा तुम्हारा नाम क्या है? इससे तुम्हारा क्या मतलब? लड़की बोली।

मा सोंग फिर अचानक बोला जिआओ कियाओ अपना नाम सुनते ही उसकी आँखें खुली की खुली ओर बड़ी हो गई।

अच्छा यहीं ठहरो मै अभी सामान लेकर आती हूँ पता लग जायेगा कौन झूठा और कौन सच्चा है।

मा सोंग मुस्कुराया कुछ कदम चला और फिर सीढ़ीयों पर बैठ गया। क्योंकि वो देखना चाहता था कि उसके जैसी एक गाँव की लड़की क्या कर सकती है। वहाँ इंतजार में बैठे वो अपने हाथ

उंगलियाँ आदि निहारता रहा जो अब एकदम साफ थी क्योंकि मी याओ की चीजों का अच्छा इस्तेमाल मा सोंग ने किया था पाला और मोटा होता जा रहा था फिर भी वो तरोताजा और चुस्त महसूस कर रहा था। कोई आधे घन्टे बाद जिआओ कियाओ एक पुरानी साईकल के उपर रखकर एक बेलचा, दरांती और कुदाली लेकर आई।

मा सोंग उसे आता देखकर हँसने लगा। यह कहते हुए क्या वो भी उस के साथ काम करेगी, वापस आकर कहा मोबाईल उठा नहीं रही है। फिर कर लूँगी थोड़ी देर में। दोनों पहरेदार ने कान जिआओ कियाओ को कहा इसे जाने दो और कोई बात है तो तुम मैनेजर साहब से बात कर लो। फिर मा सोंग को दुत्कारते हुए कहा, चलो चलो यहाँ से भागो, फिर न यहाँ घूमते हुऐ नजर आना बिना इजाजत। वे दोनों पहरेदार तो चले गये तब मा सोंग ने जिआओ कियाओ को ललकारते हुए कहा तुम कुछ खास चीज हो।

यह सुनते ही जिआओ कियाओ ने गुस्से में कहा मुझे उकसाओ नहीं तुम किसी साज सज्जा कम्पनी से नहीं हो?

मा सोंग ने कहा अरे शक की कोई बात नहीं है बस अगर काम करने का सामान होता तो करके दिखलाता। कोई बात नहीं लड़की मन ही मन गुस्से में उबल रही थी। पर हार भी नहीं मानने को तैयार थी।

और कहा कि क्योंकि लगता है अब और कोई काम नहीं है तो हम चलते है क्योंकि उनकी छुटटी का समय होने वाला है।

जिआओ कियाओ घूरते हुए मा सोंग को पूछा की अगर घर के मालिक भी यहाँ नहीं है तो तुम क्या यहाँ कर रहे हो? ये सुनकर मा सोंग ने घूरते हुऐ देखा पर बोला कुछ नहीं फिर बोला तुम भी तो मालिक नहीं हो। लड़की ने जवाब दिया मैं मालिक हूँ या नहीं इससे तुमको मतलब नहीं है। और अगर तुम्हारी समझ में यह बात नहीं आ

रही है तो मैं अभी फोन करती हूँ मालिक को, और पूछ लेती हूँ कि उनको घास लगवानी है या नहीं।

मा सोंग ने कहा जो करना है करो जिआओ कियाओ ने पहरेदार से मोबाईल माँगा नम्बर मिलाया और फिर थोड़ा सा अलग जाकर हालांकि अब पतझड़ का मौसम चल रहा था पर मा सोंग ने कहा की वे गर्मियों से आया था तो बहुत सुन्दर हरी–भरी घास लगी हुई थी। जिन में मधुमक्खियाँ और तितलियाँ मंडरा रही थी। शाम होते तक कुछ किसान उसे मिल गये और बातें होती रही धीरे–2 मच्छर दिखने लगे यह किसानों ने बताया कि वह यहाँ घास लगाते है और अच्छा होगा अगर वो उन्हें और घर दिलवा देगा। क्योंकि पतझड़ और सर्दी में ही जमीन ठीक करी जाती है ताकि घास अगले साल अच्छी उग सके। इनकी बात सुनकर गार्ड को कुछ शक हुआ तो मा सोंग ने बड़े प्यार से समझाया कि वे दोनों ही पैसे के लिये काम करते हो तो फिर आपस में कैसा झगड़ा मुस्कुराते हुए देखा फिर दोनों पहरेदारों ने जिआओ कियाओ की ओर वह भी मुझे पहचानते हैं मैं क्यों चोरी से कहीं घुसुँगा मै तो यहाँ घास लगाता रहा हूँ उसी के लिये कहा क्योंकि उसे पता था कि पहले जब वो बिजली के उपकरण लेकर आया था तो उसने देखा था कि बागों की सुन्दरता बढ़ाने वाली कम्पनी के लोग वहाँ काम कर रहे थे। और पिछले 5–6 दिन आराम से खाते, पीते, सोते और नहाने–धोने से उसकी शक्ल किसी भी सभ्य व्यक्ति के समान दीख रही थी अपनी जेब से फोर सीज़न स्प्रिंग ग्रीनरी कम्पनी का कार्ड निकाल कर दिया जिसमे नाम लिखा ली जी, बिजनेस ऑपरेटर ये कार्ड दरअसल वहाँ टेबल पर पड़ा था जो इसने ऐसे ही उठाकर अपनी जेब में रख लिया था मी याओ ने अपने ब्लाग में भी कई बागवानी के कंपनियों का नाम लिखा था क्योंकि वे अपने बाग में पौधे घास सब्जी के अपने पौधे और फूल आदि लगवाना चाहती थी।

अचानक रुको की आवाज ने डरा दिया और मजबूर कर दिया यह सोचने के लिये कि पाला यहाँ बोलता भी ...... तभी तीन व्यक्ति उस पाले की मोटी चादर को चीरते हुऐ उसके सामने आकर खड़े हो गये। पास से देखने पर उसे पता चला की दो तो गार्डस थे और तीसरी एक लड़की थी जो कोई 18–19 साल की थी जिस का नाम जिआओ कियाओ था जैसे मा सोंग ने उसकी और देखा उसने भी शक की निगाह से इसकी ओर देखा यह देखकर दोनों गार्डस ने मा सोंग से पूछा की वो कहाँ से अन्दर आया क्योंकि उनकी देखरेख मे तो वो गेट से अन्दर नहीं आया तभी वो सफेद और पीले कुत्तें भौंकते हुए इसकी ओर आये पर इसे देखते ही एक ने दुम हिलानी शुरु की और दूसरे ने सर नीचे कर लिया जिसे देखते ही मा सोंग ने कहा देखो।

VI

पिछले आँगन में लगी घास में वो चलने लगा परन्तु उस को ऐसा लगा जैसे उस के पैरों में जान ही नहीं थी जबकी पिछले 5 दिनों से तो उसने केवल खाना खाया और आराम किया था।

थोड़ा आगे बढ़ते ही उसे लगा की बहुत पाला गिरा था, खाँसते हुए उसे लगा जैसे वो पाले के कारण साँस भी आराम से नहीं ले पा रहा था उसने अकसर लोगों को यह कहते सुना था कि प्रदूषण के कारण से पाला सफेद और मोटी चादर रुप में बदल जाता है। मा सोंग को तो केवल कोहरे का पता था जो तीन जार्ज क्षेत्र में उसने देखा था वहाँ तो वे रेशम की तरह हल्का और हवा में उड़ता दिखाई देता था परन्तु यहाँ का पाला भारी और लोहे के समान समझा जाता था। जिस कारण कुछ भी आर पार देखना नामुमकिन था। कारण ...... तो बन्द हो गया।

अरे सोचते सोचते याद आया कि यहाँ तो वो अपनी मर्जी से घुसा या मी याओ ने उसे यहाँ नौकर रखा था सोचते–सोचते नजर

दीवार पर लगी मोम की पेंटिग पर गई एक युवती नीचे की ओर देख रही थे और उसकी पतली कमर दो बगुले ऊपर देख रहे थे। उसे तभी लगा की वो युवती और कोई नहीं पर मी याओ ही है। फिर आगे बढ़ा तो लगा कई आवाज़ें पहले, हल्के और फिर तेज़ और बहुत तेज़ होने लगी सोचा कोई रेलगाड़ी जा रही है पर फिर हाथ में लगी घड़ी पर नजर गई इसका हल्ला है.... हाथ से उतार कर, जल्दी से अलग किया।

दो दिन सन्नाटे और शान्ति में गुजरे क्योंकि कुत्तों ने भी नहीं भौंका इतनी जल्दी जल्दी समय निकल गया की वो भूल ही गया कि कितने दिन गुजर गये थे। अगर वो कम्पयूटर पर न देखता।

दूसरे दिन उसने देखा खाने का सारा समान खत्म हो गया था। क्या दूध, डबलरोटी, आचार या बिस्कुट बस बची थी तो सोया सास गिनने पर पता लगा 5 दिन बीत चुके थे, यहाँ रहने के लिये भी अब पैसे कमाने होंगे तभी तो खाने का सामान आयेगा।

उसने मोबाईल ढूँढ़ा बहुत ढूँढ़ने के बाद अल्मारी के नीचे मिला। दो संदेश दिखे एक लाटरी जीतने का और दूसरा किसी घर का इश्तेहार? वो डिलीट करने जा ही रहा था जब बैटरी न चार्ज होने की थी।

यह अनदेखी अनामिका जो इस विला की मालकिन धीरे धीरे इस के दिल में अपना घर बनाती जा रही थी। अनजान होते हुए भी वो उसकी पसन्द नापसन्द मूड आदि को दूर बैठे भी समझने लगा था। मी याओ ने अपने माइक्रो ब्लाग में लिखा था की वो आपसी सबंधों को सुधारने गयी थी। अगर किसी को कोई पसंद न हो तो वो उसे छोड़ सकता है पर उसकी इज्जत उतारने का हक, उसने किसी मर्द को नहीं दिया है। खास तौर पर वो मर्द जो बहुत भौतिक वस्तुओं को अधिक महत्व देता एक लड़की को अच्छी परवरिश देना बहुत जरुरी है।

यह सब पढ़ कर मा सोंग सोचने लगा कि अरे एक गाँव में रहने वाली ऐसा व्यवहार न सहे, तो एक सज्जन ओर शालीन शहर में रहने वाली युवती कहाँ हो, कोई नई मुसीबत मत खड़ी करना क्योंकि तुम तो जांगशिवांगचांग जिसका इस्तेमाल तीन जार्ज क्षेत्र में एक आवारा व्यक्ति के लिये किया जाता था फिर उस सन्देश में लाओ माऊ ने उसे दुतकारते हुए कहा .... अरे पागल हो क्या पैसा क्यों नहीं कमाते" बस ख्यालों की दुनिया में रहते हो। मा सोंग को गुस्सा आ गया क्योंकि उसने एक वो बकवास सा संदेश पढ़ दिया जिसमें उसने उसे कुत्ते का बच्चा बुलाया था। और कहा था कभी भी मुश्किल में मुझ से मत मदद माँगना।

मा सोंग इससे पहले कुछ कह पाता मी याओ के संदेश ने उसे खुश कर दिया ये उस के निकमेपन बा डर्ट ग्रास रन्ट के लिए था 'धन्यवाद' भौचक्का वो उसे बारी बारी पढ़ता रहा। कभी 'दायें' से बायें और उसके लिये विश्वास करना मुशकिल ही नहीं नामुमकिन था देख–रेख की भी जरुरत थी। कारण जिमनैस्ट होने के कारण चोटों का लगना और सर्जरी से इलाज कराने के कारण वो 'बाज' हो गई थी कभी भी जब उसको समय मिलता था वो वहाँ जाकर पौधों में पानी डालना, घास की देखभाल और कमरों आदि को हवा और धूप आदि दिखा देती थी कुछ ऐसे जैसे एक औरत 'सौन्दर्यकरण' के लिये पाली जाती है। उसने आगे उस खजूर के उस पेड़ के बारे में भी लिखा था जिस के खजूर पिछली बार रसोई में सूखने के लिये रख कर गई थी।" मा सोंग सीढ़ीयों से नीचे गया और देखा कि अरे वाह .... वहाँ खजूर थे यकायक उठाकर एक मुँह में डाल लिया पर लगा बहुत खट्टे हैं।

क्यू क्यू चिवालरोस स्वोर्डमैन ने एक संदेश भेज दिया में भी थी....आगे लिखा था कि फिर इस कंपनी का दिवाला निकल गया था।

मा सोंग ब्लाग आगे देखता रहा एक तस्वीर के नीचे लिखा था। जिमनास्टिक एकसरसाइज करते हुए जवानी के दिनों में और भी कई तस्वीरें थी फिर एक तस्वीर थी जिस में इस दोनों पैर में प्लास्टर थे। और नीचे लिखा था अब मैं अपने कदम आगे कैसे ले पाऊँगी मा सोंग के दिल में सहानुभूति के साथ तरस भी आया और वो कह उठा अरे मी याओ ने जिन्दगी में बहुत कष्ट झेले है। शायद इससे भी ज्यादा और फिर लिख दिया 'बहुत सुन्दर काम आगे आगे देखते हुए उसने मी याओ के रोज़ मनोर खरीद से लेकर उसकी भावनाओं के बारे में लिखा था। क्योंकि उसने रोज़ मनोर की तुलना एक बच्चे से की थी जिसे यह अपनी जिम्मेदारी पर लाया था। इसे पढ़कर इसने उससे कहा कि "मैं ठीक हूँ " तुरन्त जवाब आया ऊपर वाले तेरा धन्यवाद क्योंकि मुझे लगा तुम पुल से कूद गये हो, दो दिन पहले, ऐसी खबर सुनी थी।

मा सोंग सोचने लगा अभी तो अच्छे दिन शुरु हुए है और यह ऐसी बातें सोच रहा है। जिंदगी की शुरुआत है, अंत नहीं" फिर वो ब्लाग ब्लाग खोलते–खोलते सोचने लगा कि मी याओ का ब्लाग हो सकता खोल पाऊँ एक मिनट में मिल भी गया जिसमें बहुत सी उसने अपने बचपन से अपने सेवानिवृत्ति के बाद तक के बारे में लिखा था। जिससे इसे पता चला की उसने न केवल कंपनियाँ चलाई थी पर कपड़े बेचे थे, हाथ से बना सामान और मोम से बनी पेटिंग तक बेची थी। उसके घर में लगी मोम की पेटिंग की छवि उसके ब्लाग।

शाम वहाँ बैठे–बैठे अपने पिता को पूरी ताकत से कुदाली से खेत खोदते देखता था। बस इस याद से एक नई ऊर्जा उस में आ गई, खूब ऊँचे कुदाली उठाकर जोर–जोर खोदना शुरू कर दिया। जमीन खुदने लगी पर हाथ में छाले पड़ गये क्यों यह काम तो पहले कभी किया नहीं था और बता भी नहीं सकता था क्योंकि उसने अपना परिचय एक आपरेटर के रूप में दिया था जो बागबानी की साज–सज्जा

की कम्पनी थी ...... होते–होते प्यास लग गई अन्दर गया देखा जिआओ कियाओ एक कपड़ा लिये सफाई कर रही है। रसोई कि उस खिड़की की जहाँ सूखने के लिये एक टोकरी में खजूर रखे हुये थे। उनको देखते वो बोल उठी अभी बहुत खट्टे है। मा सोंग एक कागज का प्याला उठाये पानी की मशीन की ओर गया और गिलास उसके नीचे पकड़ कर भरने का इन्तजार करने लगा साथ–साथ इस पर भी नजर रखे हुआ था। भूख भी लग रही थी तो सोचा क्यों इससे पूछ लूँ 'कि खाने को कुछ होगा?, जिआओ कियाओ ने गुस्से में रूखा सा जवाब देते हुये बोला 'सब को खा चुके हो?' अब बचा ही क्या है ये बात सुनते ही मा सोंग ने अपने पानी के प्याले की ओर देखा तो पता लगा की अब पानी भी तले पर ही बचा था कहने का मतलब कि वो पानी तक सारा पी चुका था। सोचा बाहर जाकर नुडल्स जो डिब्बे–पैक में बने हुये मिलते है ले आकर खा ले सो गया स्टोर में और खरीद लिये, उस समय दिल में आया कि जिआओ कियाओ के लिये भी एक छोटा पैक ले ले पर फिर जेब में पैसे न होने के कारण उस विचार को वही छोड़ दिया। अब तो बस जेब में केवल बस का टिकट लेने लायक पैसे बचे थे वापस आकर नूडल्स खाकर काम पर लग गया और अपने पिता की नकल करते हुये शाम तक, बाग के एक तरफ का चेहरा ही बदल दिया साफ–सुथरा मुलायम और दूसरा हिस्सा उजाड़, बीहड़ और पथरीला तब तक जिआओ कियाओ भी काम करके घर बन्द करके कुछ पुराने कपड़े हाथ में लिये उसके सामने आ खड़ी हुई थी। ''लो ऐ पुराने कपड़े तुम ले लो' उसकी बात सुनकर उसने देखा कि यह तो वो कपड़े है जो इसने देखे थे और अपने गन्दे कपड़ों से बदले भी थे। 'अरे मैंने इनका क्या करना है, मुझे तो बस काम के पैसे चाहिये?'' जिआओ कियाओ ने जवाब दिया कि 'वो तो मी याओ ही देगी जब वो वापस आयेगी जो या तो कल होगा या परसो। फिर आकर अपने पैसे ले लना' 'इस समय बिना पैसों के मैं कहाँ जाऊँ अब तो पैसे लेकर ही जाऊँगा'।

जिआओ कियाओ उसकी बात सुनकर वहाँ से चली गई और थोड़ी देर बाद वो उस काले वाले पहरेदार के साथ वापस आई। जैसे वो बातें करते आ रहे थे। तो मा सोंग को लगा जैसे यह ही उसका दोस्त होगा क्योंकि उसकी आँखें जिआओ कियाओ के मुँह पर ही टिकी हुई थी। पास आने पर गैराज में आकर उसने मा सोंग को जाने के लिये कहा पर उसका जवाब था कि 'वो पैसे लेकर और काम खत्म करके चला जायेगा। तब तक उसे गैराज में रहने दे गरीब आदमी है'।

पहरेदार ने जिआओ कियाओ को समझाते हुये कहा, 'कोई बात नहीं, कल पैसे लेकर चला जायेगा।'

पहरेदार और जिआओ कियाओ मुड़े और वापस चल दिये।

इधर मा सोंग सोचने लगा कि जिआओ कियाओ 18–19 साल की गाँव की लड़की कितनी तेज है। रहती तो एक कमरे में माँ–बाप और भाई–बहनों के साथ...... पाँच लोग एक छोटा सा कमरा और बन रही है जैसे कि वो ही मालकिन हो इस विला की 'बताओ क्या जमाना आ गया है। गैराज में रहने पर भी इसे परेशानी है जो खुद नौकरानी है'' उस फटे पुराने सोफा पर सोने में उसे तकलीफ ही नहीं नींद ही नहीं आ रही थी।

VIII

आधी रात में उसकी आँख खुल गई सोचने लगा क्यों न फिर वापस घर में चला जाऊँ और देखूँ कही वो महंगी वाली घड़ी जो उसने मी याओ के गुलाबी गाऊन की पाकिट में डाली थी वहाँ है या जिआओ कियाओ चोरी कर के ले गई है। पर रह, रह कर वो घर में जाने का इरादा छोड़ देता था क्योंकि उसे याद आता था कि कही जिआओ कियाओ और उसका काला–वाला प्रेमी घास में न छुपे पड़े हो और उसे रंगे हाथ पकड़ ले यह डर और सोच में रात बीतनें लगी,

जब सोफे पर सोना नामुमिकन हो गया तो वो उठकर उस खिड़की की ओर जाने लगा फिर पता नहीं यकायक उस के कदम, उसे वापस गैराज में ले आये और वो सो गई सुबह होते–होते उठा और फिर काम पर लग गया। काम करते–करते शाम हो गई जब फिर जिआओ कियाओ अपने प्रेमी पहरेदार के साथ आई। आंगन में लगी घास पर हुये काम को देखकर बोला, "चलो अब यहाँ से निकलो" जिआओ कियाओ अभी कुछ दिनों तक नहीं आयेगी तो बस, 'अपना वापसी का रास्ता पकड़ों', जिआओ कियाओ और उसके प्रेमी गार्ड की बात सुनकर मा सोंग को बुरा तो बहुत लगा पर लाचार था .... धीरे–धीरे सोसाइटी गेट के बाहर निकल गया। चलते–चलते उस दक्षिण दीवार पर पहुँच गया, जहाँ उसे वो 'डाग–छेद ' मिले थे देखा छेद बन्द तो थे पर दीवार के छेद कच्चे से लग रहे थे बस एक लोहे का डन्डा लेकर वो उसमें फिर जगह बनाने लगा, धीरे–धीरे वो नई लगाई ईंट निकल गई दीवार के उस पार पहुँचते ही देखा वो पीला–और सफेद कुत्तों का जोड़ा बैठा था और अपने तीन नये पिल्लों को खेलता देख रहे थे। पर जब उन्होंने इसको देखा तब भी उन्होंने 'पहचान वाली भौक से स्वागत किया। कुछ समय बाद वो उन दोनों कुत्तों के साथ नं० 53 विला की ओर गया। वहाँ पहुँच कर इसने उन को इशारे से चुप रहने को कह कर, उस खिड़की की ओर गया जहाँ से वो पहले भी अन्दर घुसा था, आज भी वो अन्दर उतनी आसानी से घुसा।'

सोच रहा था उसके साथ के बाकी सब शादीशुदा परिवार वाले है और यह लावारिस सा इधर से उधर घूम रहा है। क्यों न मी याओ की मंहगी वाली घड़ी बेचकर वो अपना बकाया किराया और माँ–बाप का कुछ उधार चुका दे। बस ये बात उसके दिमाग में आते ही वो उस दिशा में चलने लगा जहाँ मी याओ का गाऊन लटका हुआ था। कुछ ऐसी खुशबू आई जैसी जिआओ कियाओ के पास से आती थी पर फिर उस को रफा–दफा कर दिया ये सोचकर कि 'वो उसका दिमागी फतूर' था।

अचानक सारे घर की बत्तियाँ जल गई और देखा सात–आठ लोग टेबल के चारों ओर बैठे है और जिआओ कियाओ भी वहाँ खड़ी है मरता क्या न करता, लाल और नीली पुलिस की बत्तीवाली गाड़ियाँ आ गई और इसे घर से बाहर लाया गया। बहुत लोग वहाँ थे, टीवी वाले, खबरों वाले और केबल देखने वाले मा सोंग, तो कभी सोच भी नहीं सकता था। कि इतने लोग उसे देखने उमड़ेगे। पर केवल वो पीला और सफेद कुत्तों का जोड़ा ही उसे छुड़वाने की कोशिश में लगे थे। यहाँ तक की अपनी जान की परवाह न करते हुये वो पुलिस वालों के पैरों में चिपट गये क्योंकि वो नहीं चाहते थे कि उनका दोस्त जेल जाये।

हताश मा सोंग आसमान की ओर देखने लगा सितारों को गिनते हुये।

नीले बादलों वाले वस्त्र
(Blue Cloud Clothes)

गर्मी की वो शाम सोने की तरह सुनहरी किरणें नदी के तले रत्न जैसे हरे रंग के पानी को एक अद्भुत छवि दे रही थी। अपने घोंसलों को लौटती चिड़िया, अपने पंख फैलाये जंगल की ओर जाती नजर आ रही थी। और गहरी काले पहाड़ों की चट्टानें जार्ज क्षेत्र को काली स्याही से रंगती जा रही थी।

99 सीढ़ी पर बैठा बूढ़ा जियान हुईटीयान यह सब देख रहा था।

क्विंग शासन काल में जियान हुईटीयान के पूर्वज साइचून प्रदेश में जाकर बस गये थे जहाँ से वो डोंगटिंगघू झील और यांनगिजि नदी में सात सप्ताहों की लम्बी यात्रा के बाद 49 दिनों में उनकी प्रकृति के अन्दर आने वाली शान्ति और सौम्यता इतनी भाने लगी थी कि उन्होंने निश्चय कर लिया कि वो अब तीन जार्ज क्षेत्र में ही रहेंगे। पर अब उस को अपने परिवार के साथ किसी ऐसे स्थान पर जाना पड़ा जहाँ पहाड़ नहीं थे, स्थान से तो हट गये पर दिल, दिमाग और सपनों को न भुला सका। यह याद बनकर उसके साथ–साथ चलती रही।

गर्मियों की वो शाम सोने की तरह सोने की तरह सुनहरी किरणें नदी के तले रत्न जैसे हरे रंग के पानी को एक अद्भुत छवि दे रही थी। अपने घोंसलों को लौटती चिड़िया, अपने पंख फैलाये जंगल की ओर जाती नजर आ रही थी। और गहरी काले पहाड़ों की चट्टानें जार्ज क्षेत्र को काली स्याही से रंगती जा रही थी।

गर्मियों के दिन थे एक सुबह पूरा जार्ज क्षेत्र सुनहरी धूप में सोने की तरह चमक रहा था। वो धुंध से भरी सुबह, सोने सी चमकीली थी। वो और उसके पिता आँगन की सफाई में लगे थे, क्योंकि अगले महीने के आठवें दिन उसके भाई की शादी मेंगटाओ के साथ होनी थी घर में रजाई, बिस्तर, कमरा सब तैयार कराया जा रहा था माँ और परिवार के बाकी सदस्य इन सब कामों में लगे थे। और बाहर इस के पिता और ये आँगन की सफाई शाम तक करके उसे बिल्कुल साफ कर देंगे।

घर में खुशी की सीमा न थी दूर तक स्वादिष्ट खाने की खुशबु आ रही थी।

माँ ने आवाज लगा कर कहा, खाना तैयार है हूआईटियान

फिर पिता ने माँ के शब्दों को दोहराया पता नहीं, पर माँ और पिता की पुकार के बावजूद वो नदी की ओर एक बाल्टी पानी लाने के लिये चल दिया ताकि दूसरे दिन, समय न बर्बाद हो क्योंकि घर तक आने वाला रास्ता भारी वर्षा के कारण टूट गया था अत: शादी के बाद जब मेंगटाओ वहाँ पर चलेगी तो उसे तकलीफ होगी, ये झरना कोई आधा किलोमीटर दूर था।

झरने पर पहुँचते ही अभी उसने बाल्टी डाली ही थी, की आकाश में बहुत जोर की बिजली चमकी और आवाज आई। यह सोच की बिजली की आवाज है। उसने जल्दी से बाल्टी भरी और घर की ओर भागना शुरु किया, जब तक टूटे हुऐ कोने पर पहुँचा तो वो भौंचक्का रह गया। उस का आँगन, घर सब कुछ जलमग्न हो गया था।

इस हादसे से वो इतना भयभीत हो गया कि गिर पड़ा लकवा नामक बीमारी का शिकार हो गया।

बाद में इस हादसे को प्रादेशिक इतिहास के रुप में लिया गया। जिसमें लिखा गया की तीन जार्ज क्षेत्र जो यांग्ज़ी नदी के पास एक

जमीन धंसने के कारण नदी का दक्षिण छोर पूरा जलमग्न हो गया था। जिसे इतिहास में 'काली रात' के नाम से जाना जाता है।

II

शाम का वो ही समय था जब जिआंग हुआशू नाविकों द्वारा बनाये हुऐ मार्ग पर चल रहा था बहते हुऐ झाड़ मे फंस गया।

मि. टाओ और बाकी यात्रियों को भी वहाँ रुकना पड़ा क्या उन्होंने देखा नाविकों की राह में बहुत बड़ी–बड़ी झाड़ियाँ पड़ी थी जो उनको आगे बढ़ने में मुश्किल पैदा कर रही थी। परन्तु ये जगह कुछ ज्यादा ही खतरनाक थी, क्योंकि पगडंडी पतली, खड़ी और उसकी सीढ़ियों पर बहुत फिसलन थी, नीचे तेज वेग में बह रही नदी थी और दूसरी ओर पत्थर की चिकनी चट्टानें जब कभी जिआंग हुआशू रुकता था तो पीछे आने वाले यात्रियों की सांस मुँह में आ जाती थी।

मि. टाओ ने पूछा क्या हुआ, जिआंग रुक क्यों गये?

हूआईटियान ने जवाब दिया "छाती में बहुत जोर का दर्द हो रहा है, ये कहते हुऐ वो अंधेरे में भी आगे बढ़ता रहा। फिर जब वो एक ऐसे स्थान पर पहुँचे जो चपटा, समतल और चौड़ा था वो सब रुक गये आराम करने के लिये पर आराम करने के बाद भी जिआंग बैचेन नजर आया और बोल उठा, "मुझे वापस घर जाना है। 'उसके शब्द सुनके मि. टाओ हक्के-बक्के रह गये, क्योंकि ये आम यात्री नहीं थे, यह यात्री वुचांग से पानी सर्वेक्षण विधि के सदस्य थे और जिआंग हुआशू उनका गाईड था। तीन जार्ज क्षेत्र का मार्ग बहुत उबड़-खाबड़ और कठिन था। उस रास्ते पर चलते-चलते उन्हें वो गाना याद आया जो अकसर यहाँ के लोग गाते थे 'की सिचून का रास्ता, स्वर्ग के रास्ते से भी ज्यादा खतरनाक था पर जिआंग ने इसमें आये लोगों का सामान उठा रखा था ताकी वो यह कठिन खतरनाक रास्ता कुछ आसानी से पार कर पाये।

मि. टाओ जो एक गरीब परिवार से थे पर अपनी मेहनत और बुद्धिमता से एक इंजिनियर बन गया था उसे जिआंग से बहुत सहानुभूति थी इस लिये उसने वो सामान जो जिआंग उठाये हुआ था वापस उसके असली मालिक को बाँटा क्योंकि उसे महसूस हुआ की जिआंग की तबियत कुछ ज्यादा खराब दिख रही थी। और प्यार से पूछा क्या तुम्हें अपनी पत्नी की याद आ रही है। हुआईशू ने आँसू भरी आँखों से बताया कि उसकी पत्नी पेट से थी और किसी भी समय बच्चे को जन्म दे सकती है। यह सब देखकर मि. टाओ ने आग के चारों तरफ बैठे थके हारे अपने साथियों को कहा कि हम जिआंग को यहाँ से छोड़ देगें और वह लोग अपना रास्ता स्वयं ढूँढ लेगे पर बाकि लोग अकेले आगे जाने को राजी नहीं हुए। बोले ''अरे यार'' जिआंग साथ चलो ना, तुम्हारे होने से हिम्मत बनी रहती है।

तब तक मि. टाओ ने दस चमकते हुए डालर उसे देते हुए कहा हम दूसरा गाईड ढूँढ लेंगे, तुम वापस अपनी पत्नी के पास चले जाओ हम कल गाँव से दूसरा गाइड ले लेंगे यह सुनकर जिआंग हुआईशू को शर्म आ गई और पैसे लौटाते हुए बोला, 'अरे मैं यह डालर कैसे ले सकता हूँ, अभी तो हमने आधा रास्ता भी नहीं पार किया है।

जमीन ओंस से और नदी कोहरे में डूबी हुई थी तभी एक ठण्डी हवा के झोंके ने सब को काँपने के लिये मजबूर कर दिया। रास्ते में चलते– चलते इकट्ठी की गई लकड़ियों की आग जलाई गई उस कंपन को रोकने के लिये। साथ ही साथ चावल भी उबाल कर एक एक बाउल सबने खाया और सूखा टोफू के साथ खाया। दिन चढ़ते–चढ़ते कोहरा दूर हो गया और मौसम खुल गया। बस सब लोगों ने अपना–अपना सामान बटोरा और जिआंग हुआईशू ने तम्बू खोला और अपनी पीठ पर उठा लिया और बोला, चलो, चलें' यह शब्द सुनकर शक और हैरानी में यकायक पूछ उठे कहाँ, बस मेरे पीछे पीछे चलते रहें मैं अपना वादा जरुर पूरा करुँगा। जिआंग के ये शब्द सुनकर सब ने उसकी तारीफ की।

III

पहाड़ के खिसकने से उस के माँ पिता, वो नारंगी का पेड़ जो गेट पर ही हर आने जाने वाले को अपनी खुशबू से मुस्कराने को मजबूर कर देता था, पीछे के आँगन में वो हरा–भरा बाँस का बाग और साथ ही वो तीन धूप से पवित्र कमरे तथा वो दो अंधेरे कमरे सब स्वाह हो गये थे, मिटटी के उस दरिया में जो काल बन कर आया और अपने साथ जीवन, खुशियों और रंग सब एक झटके में ले गया, पीछे छोड़ गया दर्द, यादें और पछतावा।

ऐसा प्रतीत हो रहा था जैसे किसी प्रेत आत्मा ने यह विनाश किया था। दूर तक देखते तो केवल पत्थर, गारा, बजरी, मिट्टी या धुली हुई चटटानें ही नजर आ रही थी जिन्हे पहले देखने पर प्यार और खुशी मिलती थी आज वो ही दुःख और गम का स्रोत बन गई थी .... डर दिन में ही नहीं सपनों मे भी रुलाने लगा था। जिस कारण थके होने के बावजूद चैन की नींद नहीं आती थी, कई बार उठ उठ कर बैठ जाता था फिर अपने दिल को समझाता पहाड़ों को भी खूबसूरती पसंद है और तीन जार्ज क्षेत्र की सुंदरता जो कहीं और देखी ही नही जा सकती पर पहाड़ों में बसता 'शैतान' कभी कभी अपना उग्र रुप इस तरह दिखा देता है।

एक पहला हादसा तो यह है नहीं पूर्वजों के समय में भी ऐसा हुआ है। तभी ज़िया जियांग नदी के तट पर रहने वाले कुछ लोग सान्तवना देने के लिये आ गये उन्होंने समझाया जो हुआ सो हुआ पर जीवन जीना ही प्रभु का संदेश है, उठो, चलें और फिर अपने मृत माता–पिता का सपना पूरा करें। तुम्हारे भाई और उसके परिवार को तुम्हारे प्यार, सहारे और मार्ग दर्शन की जरुरत है।

ज्यूनियांग और उसकी माँ बनने वाली भाभी कोई 10 किमी बाँस की झाड़ी के सहारे जार्ज के मुँह तक पहुँचे, भाभी का चेहरा सूजा हुआ

पर तब भी बहुत सुंदर और चमकदार था। आँसुओं की नदी उसके चेहरे पर बह रही थी।

जिआंग हुआईतियांन को देखते ही दर्द से चिल्ला उठी 'मेरे भाई' किसी अपने की आवाज सुनते ही वो भावुक हो उठा, और बोला भाभी मेरा सब कुछ लुट गया कहते–कहते वह जमीन पर गिर गया उसका यह हाल देख कर भाभी अपना हाल भूल गई और झटपट झुकी और उसे उठाया, ये समझाते हुए कि तुम्हारा बड़ा भाई और उनका परिवार भी तो उसी का परिवार है।

तीन जार्ज क्षेत्र पहाड़ी रास्ता होने के साथ–साथ पतला, कठिन और साँप की तरह टेढ़ा मेंढ़ा। अतः उस पर चलना कोई बच्चों का खेल नहीं था मातृत्व के इस मोड़ पर तो सोचना भी मुश्किल था। तुरन्त, उसने अपने एक दोस्त से बाँस से बनी पालकी माँगी और भाभी को उस में बिठाकर वापस शहर ले जाने का मन बनाया। यहाँ की पालकियाँ छोटी और रास्ते के अनुसार बनाई जाती थी जो लेकर चढ़ना उतना कठिन था जितना कि वूचांग शहर में बननें वाली पालकियों में ज्यूनियांग भाभी ने जब पालकी देखी तो उसमें बैठने से मना कर दिया, अरे तुम्हारे चेहरे से दिख रहा है कि तुम ने 3 दिनों से न कुछ खाया है ना पिया। मैं तुम्हें किसी हालत में पालकी नहीं उठाने दूँगी। भाभी के भावुक शब्द सुनकर उसने पीछे मुड़कर देखा तो उसे दिखाई दी वो आधी पानी की बाल्टी जिसे लेने के लिये वो झरने पर गया था जब ये हादसा हुआ था ....चट्टान के पत्थर के सहारे थी पास लटके डोल से पानी निकाल कर पिया और फिर अपनी भाभी को भी पिलाया। जब वो पी चुकी तो यह एक बार और पानी पीने लगा। फिर बिना कुछ कहे उसने ज्यूनियांग भाभी को पालकी में ढकेला और बिना उनकी बात सुने चलने लगा।

'भाई' अब से तुम कसम खाओ की हमारे घर को ही अपना घर समझोगे' भाभी बोली।

हुआईतियांन ने कहा ठीक है।

भाभी बोली, 'मैंने तुम्हारे भाई को भी यह दुःखद संदेश भिजवा दिया है और वो भी जल्द हमारे साथ होंगे' तब तक वो लोग ज़िया जियांग नदी के तट तक पहुँच गये थे तो बाकि गाँव वालों की मदद से नाव में बिठा दिया और हुआईतियांन भी उन के पास जाकर बैठ गया। जैसे–जैसे नाव आगे बढ़ती रही वैसे–वैसे श्री गोर्गी क्षेत्र आँखों से ओझल होता रहा बस चट्टानों की कालख ही दीख रही थी फिर उतरे और शहर का रास्ता पकड़ने का प्रयास किया पर नदी के शोर और मन में शोर के कारण पता न चला वापस जहाँ से चलना शुरु किया था वहीं पहुँच गये थे। दोस्त बोला यह क्या हुआ हम भूल कैसे गये कि शहर का रास्ता पक्का है जब कि हम तो कच्चे रास्ते पर ही चलते रहे। और रात होने तक घने जंगल मे ही फंसे रहे वहाँ के रिवाज के अनुसार हर व्यक्ति किसी किस्म की जलाने वाली वस्तु साथ लेकर चलते थे, जंगली जानवरों से बचने के लिये। हालांकि पालकी के साथ वो दोनों कठिन पहाड़ी रास्ते पर चल चुके थे पर अभी भी थके नही थे। लग रहा था जैसे बादलों पर तैर रहे हों। दोनों तरफ बड़े–बड़े काले से पेड़ थे और वो चट्टानी पहाड़ी रास्ता।

ज्यूनियाग भाभी कहना चाहती थी भाई कुछ देर आराम कर लो पर हिम्मत न हुई, उधर हुआईतियांन को और उसको भी सन्नाटे में डर लग रहा था पर कह नहीं पा रहे थे तभी भाभी बोल उठी, "भाई कुछ आराम कर लो फिर चलो उनकी आवाज में स्वर मिलाते हुऐ दोस्त भी बोल उठा, "रुको आराम करके चलते हैं।"

भाभी ज्यूनियाग ने कहा, "मैं खुद चलना चाहती हूँ।"

अचानक ऐसा लगा की अंधेरा दूर हो गया है और बहुत सी चमकदार रोशनियाँ दिखाई देने लगीं अभी कुछ आगे चले ही थे तो देखा "एक बुजुर्ग सफेद दाढ़ी के साथ वहाँ खड़ा था ये ज्यूकाई भाभी के पिता थे। कपड़े और जूते सब ओंस से भीगे हुऐ थे।

IV

जिस व्यक्ति को ज्यूनियांग ने अपने पति को संदेश देने को कहा था कि वो बिना देरी करे वापस आ जाये। वो व्यक्ति एक नमक का व्यापारी था जो फेंगजी होता हुआ XI क्षेत्र में काम करता था। किसी कारण वो फेंगजी क्षेत्र में जाने के बावजूद संदेश हुआईशू को न दे सका तो उसने सोचा क्यों न किसी और से कह कर, वादा पूरा कर दूँ क्योंकि क्षेत्र में सर्वेक्षण लोगों को बड़े सम्मान से देखते थे, और उनका गाईड था तो, पहचान में परेशानी न होगी और संदेश भी जल्दी मिल जायेगा।

एक भरोसेमंद बहादुर जो फेंगजी जा रहा था 50-50 किलो की 3 बाल्टियाँ लेकर उसे यह संदेश देने का भार सौंप दिया, "उसे किसी से भी पूछ लेना जिआंग हुआईशू गाईड के लिये" वो बेचारा इतने बोझ के साथ सब से गाईड हुआईशू के बारे में पूछता रहा पर उसे पता लगा कि अब तक तो वो लोग पहुँच चुके होंगे। बारिश के दिन थे और कोहरा भी बहुत था इस कारण केवल 27-28 किमी ही वो चल पाता था। चट्टानें चिकनी और ज्यादा ताकत माँगती थी। उसको यह भी पता था कि वो किसी भी तरह से सर्वेक्षण सदस्यों तक नहीं पहुँच सकता पर क्योंकि संदेश जरुरी था उसने एक और व्यक्ति को यह संदेश हुआईशू को देने के लिए कह दिया। जो वुशान जा रहा था। यह व्यक्ति पूछता पूछता एक नदी के किनारे चल रही दुकान पर गया जहाँ चावल के मोमो और मीठी चावल की फैनी बिकती थी, जब उसने वह दुकान चला रही युवती से पूछा तो वो और कोई नहीं याओ उसकी बहन थी। पहले तो वो बोली की उसे नहीं पता अगर हुआईशू वहाँ आया है परन्तु जब उस व्यक्ति ने कहा की वो बडोंग से आई पार्टी के साथ है तो वो आवाज लगाती हुई दुकान से बाहर भागी ये पूछने को, "क्या जिआंग हुआईशू, बडोंग से भी तुम्हारे साथ है ?" कोई उस ढूँढ़ रहा है। पर नाव मझधार में थी और पानी का वेग भी

बहुत आवाज कर रहा था इस वजह से वो याओ की आवाज और बात सुन ना पाये।

उधर सर्वेक्षण पार्टी के सदस्य तीन जार्ज नदी के एक छोर से दूसरे छोर तक पहुँच गये थे। बहुत खुशी और चैन की साँस लेते हुए हुआईतियांन से बोले : अब तुम आराम करो और फिर एक लोक–गीत गुनगुनाने लगे। पर हुआईतियांन बैचेनी महसूस कर रहा था। मि. टाओ ने कहा कल, नाव से उतरते ही तुम घर चले जाना उसने कहा क्यों न कल हम नाव न लेकर सड़क के रास्ते वापस चले क्योंकि बरसात के दिनों में खतरा भी ज्यादा होता है और कोई चलने को भी तैयार नहीं होता। और ऐसा कुछ दूसरे दिन हुआ। फिर लाचारी में उन्हें एक लॉज में रुकना पड़ा उस रात एक व्यक्ति ने 20 चाँदी के डालर में उन्हें वापस ले जाने का प्रस्ताव दिया। पर शर्त थी की समय से आ जाये ? नहीं तो वो भी ले जायेगा।

दूसरे दिन बहुत कोहरा था पर समय से पूरी सर्वेक्षण पार्टी वहाँ पहुँच गई नाव वाला चट्टान पर बैठा चिलम पी रहा था। नाव देखकर हुआईशू ने मि. टाओ को सुझाव दिया क्यों न हम सड़क से चलें, "मुझे कुछ अच्छा सा नहीं लग रहा"।

बस तभी नाव वाला बोल उठा कि ध्यान रहे मैं केवल नाव दे सकता हूँ बाकि तुम जानों और तुम्हारा भाग्य यह कहते कहते उसने नाव को नदी के बीच में खेह दिया और पानी के वेग के साथ वो आगे आगे बहुत जल्दी से बढ़ने लगी। और फेंगजी पहुँच गई उससे कहा चलो आज यहाँ रूक कर आराम करो कल फिर चलेंगे तो वो बोला तुम लोग यिचांग जाना चाहते, मैं ले जाऊँगा पर मेरी बात बिना काटे या सवाल पूछे सुनो। उसके बाद सब नाव में बैठ गये और आगे की यात्रा शुरु हुई पानी तेज और उग्र रुप लिये हुआ था पर उसने बड़ी सूझ–बूझ से नाव की दिशा और पाल दोनों का तालमेल बना कर रखा, अकेला इधर–उधर करके ऐसे आगे लेकर गया जैसे अच्छी

सड़क पर एक गाड़ी चलती है। उसका हुनर देख कर हुआईशू अपने को रोक नहीं पाया और उस के पास जाकर बोले, आप की पकड़ सराहनीय है। ऐसे वेग वाले पानी में और एक और सहायक साथ रखते है पर आप अकेले ही सब कुछ बहुत विश्वास से संभालते, क्या बात है।"

नाव वाले मल्लाह बोला, "आप भी तो 7-8 लोग को अकेले ही संभालते आप लोग क्या पानी में सोना खोज रहे हैं इस मौसम और तेज बहाव के पानी में तुम्हें गलतफहमी है, हम तो हाइड्रो पॉवर प्लांट लगाने की योजना पर काम कर रहे हैं ताकि शंघाई से चोंगक्यून्ग लोगों को मिट्टी के तेल की लालटेन, टार्च आदि लेकर ना चलना पड़े? पूरा रास्ता बिजली की रोशनी से जगमग रहेगा" मि. टाओ ने अपना ध्येय (Mission) शब्दों में समझाया पार्टी के सब लोग हँसने लगे। तभी मल्लाह चीखा बचो," आगे भँवर है। हँसते चेहरे भयभीत हो गये पर, इनकी नाव एक हवाई जहाज की तरह भँवर के ऊपर से दूसरी ओर चली गई। सबने चैन की साँस ली लो बच गये। फिर एक और भँवर बनता हुआ दिखा फिर एक बार उस से भी पार हो गये। हालाँकि वहाँ पर कई नाव टूटी पड़ी थी और तट पर रहने वाला उसे घर में खाना आदि बनाने के लिए इस्तेमाल करते थे मि. टाओ ने मल्लाह को रुकने के लिए कहा पर वो बोला, पानी में धक्का दे दूँगा अगर रुकने को कहा? "अभी बात पूरी भी न हुई थी कि नाव भँवर में गई और झटके से ऊपर आई झटका इतनी जोर का था की नदी की मछलियाँ भी हवा में उठ गई और उनके साथ के पानी से सब के कपड़े गीले हो गये। और ठंड़ के कारण आँखें बंद हो गई। जब आँखें खुली तो देखा नाव फिर पानी के वेग के साथ तेजी से आगे बढ़ रही थी फिर एक और भँवर पार किया। यह सब और भँवर का डर देखकर सब मल्लाह की ओर देखने लगे। जो बहुत घबराया हुआ नजर आ रहा था। पहाड़ के पास के एक मोड़ को लेते ही देखा कि कोई 10 नावें रास्ता रोक के खड़ी है और उनके इस छोर पर एक एक आदमी

भी खड़े थे। मि. टाओ और पार्टी के लोगों का मुँह खुला का खुला रह गया डर के मारे पर फिर भी हुईशू से पूछा यह लोग कौन है और रास्ता रोके क्यों खड़े है वो बोला, यह डाकू है'। क्योंकि इन्हें पता है कि यहाँ से कोई भाग नहीं सकता।

ये डाकू पैसा लूट लेते है और फिर नदी की तेज धारा और चट्टानों में फैंक देते है।

तब तक यह लोग भी वहाँ पहुँच गये थे पास आकर एक डाकू बोला, 'पैसा या तुम्हारी जान!' बताओ मि. टाओ ने अपने गाईड हुआईशू की ओर मदद माँगते हुऐ देखा, हुआईशू ने मल्लाह से यह कह कर अलग कर दिया कि मैने पहले कह दिया था कि मैं केवल नाव ले चलूँगा। अपनी रक्षा उनको स्वयं करनी थी। उधर डाकू पैसा माँग रहे थे। तब हुआईशू ने 10 चाँदी वाले डालर अपनी जेब से निकाले ओर 2 ढ़ेर बनाये, फिर वो एक ढेर मल्लाह को देने के लिये उसके पास गया पर उसने देखा कि उसके मन मे लालच आ गया था, हो सकता है यह भी इन्हीं डाकूओं का दोस्त था इनके बीच की बात में एक तीर खड़ी हुई नावों में गिरा। इसी बीच मल्लाह नाव से पानी में कूद गया बस हुआईशू ने चप्पू लेकर नाव को आगे बढ़ाना शुरु कर दिया मि. टाओ ने उसके पास आकर बताया की पैसे तो ज्यादा है नहीं केवल चमड़े के बैग में वो कागज है जो इस ध्येय (MISSION) के लिये जरुरी है, उन्हें संभालना सबसे जरुरी काम था। पर उसी बीच चमड़े का बैग पानी में गिर गया उसे पकड़ने के लिये मि. टाओ पानी में कूद गये पर बैग उनके हाथ न आया और वो एक पंख की तरह पानी के साथ बहने लगे। उनको बहता देख हुआईशू पानी में कूदा .....

दूसरे दिन हुआईशू की दर्दनाक मौत की खबर आग की तरह गुआन्डा शहर में फैल रही थी। ज्यूनियांग मशीन पर एक सूती कोट सिल रही थी जब अचानक सुई उसके हाथ में लग गई और खून

निकलने लगा। तभी बाहर से एक चोर की चीख की आवाज सुनाई दी ज्यूनियांग के पिता दरवाजा खोलने बाहर गये रोते हुऐ बोले हुआईशू......"

अन्दर खड़ी जूनियाग ने सब कुछ सुन लिया था। मानों जैसे दुःखों का पहाड़ उस पर टूट पड़ा था। वो नीचे गिर गई क्योंकि वो गर्भावस्था के उस चरम पर थी कि किसी भी समय माँ बन सकती थी। और वो ही हुआ उसके पेट में पानी की थैली फट गई और पानी बहने लगा माँ और पिता ने दाई को बुलाया ताकि बच्चे और उसकी जान बचाई जा सके क्योंकि वो बेहोश हो गई थी लोग उसकी तीमारदारी में लग गये। उधर बेहोशी इसे लगा हुआईशू बादलों में उड़ता हुआ उस के पास आया, उस के चेहरे पर दुःख के भाव थे पर आँखों में खुशी के आँसू.....अचानक उसकी बेहोशी से आँख खुली और वो चिल्ला रही थी अपने को संभालते हुऐ जब आस–पास देखा तो पाई एक नई जान जिसको उसने अभी अभी जन्म दिया था। क्योंकि उसकी आँखें अभी बंद ही थी जूनियाग समझ गई के बेटे के समय उसकी आत्मा वही उसके साथ थी।

उसने अपने पिता से कहा की हुआईशू को उसके पास भेज दे ये सुनकर वो जार जार रोने लगे और उसकी माँ उसका हौंसला बढ़ाती हुई उसके मुँह को प्यार से सहलाने लगी उसी रात मि. टाओ और बाकि सदस्य रात में ही पहुँच गये वहाँ पहुँचते ही वो अफसोस करने और कैसे यह दुःखद हादसा हुआ बताने गये अभी भी उनका शरीर मिट्टी में सना हुआ था जिस पर घास चिपक गई थी हुआईशू की पत्नी के घर पहुँचते ही मि. टाओ नतमस्तक हुये ज़ियूईनिआंग के माता पिता के सामने एक बच्चे की तरह रोते रोते उसने बताया कि हुआईशू ने अपनी जान की बाजी लगा दी पर पार्टी के बाकी सदस्यों को बचा लिया और साथ ही चमड़े का वो बैग भी बचाया जिसमे सब दस्तावेज थे।

मि. टाओ ने बताया कि वो लोग भी नदी के तट पर भागते रहे ताकि वो हुआईशू को बचा ले पर उनका प्रयास सफल न हुआ....... यहाँ तक की पानी में वो कहाँ बह गया पता ही न कर पाई ऐसा लगा जैसे लहरों ने उसे निगल लिया हम लाचार भागते ही रहे मि. टाओ ने कहा, हमारी यह जिंदगी हुआईशू की देन है।आप बतायें हम किस तरह आपकी मदद करें..... ऐसा कहते हुऐ उन्होंने वो 10 चाँदी के डालर उनके हाथ में रखे और कहाँ इस वक्त तो बस यह घड़ी दे सकते है पर अगली दफा जब हम आयेंगे, हम आज किया वायदा पूरा करेंगे, बस आप बताईये। इतने में जिआंग हुआईतियांन बाहर आया और बोला, मेरे बड़े भाई का कोई माल नहीं है। ..... क्या और मल्लाह नहीं थे जो आप लोगों की जान बचा लेते क्योंकि चुआन नदी के पास वाले मल्लाह एक दूसरे को पहचानते भी हैं और उनको तैरना भी आता है। मुझे बताओ तुम्हारी नाव के मल्लाह का क्या नाम था ? "और उसने क्यों नहीं बचाया ? मेरे भाई को क्यों कूदना पडा बचाने के लिये

गुस्से में हुईतयान ने गुर्राया," मैं तो तुम सब से नफरत करता हूँ मुझे क्या पता, हो सकता है तुम सब मिले हो? सच बताओ नहीं। तो बाहर नहीं जाने दूँगा। फिर उस ने आगे बढ़ कर मारना शुरु कर दिया। श्रीमान ताओ ने आगे बढ़कर उसे रोका और पार्टी के बाकि सदस्य दया की भीख माँगने लगे।

जैसे वो बाहर निकले तो हुईतयान को महसूस हुआ कि उसका व्यवहार श्रीमान ताओ और अनजान युवक के साथ अनुचित था क्योंकि उनमे से कोई भी गैरकानूनी काम करने वाला नहीं लगा। क्या उसका भाई किस्मत का शिकार हुआ है? जिस का शव तक ढूँढ़ पाना मुश्किल था। क्योंकि पता नहीं कि वो कहाँ डूबा? और रही बात उसके माता–पिता और उनका घर जो जमीन खिसकने से मरे? बस अगर प्रहार हुआ था, तो वो था उसका दिल, जो तिल तिल अपनों के गम में रो रहा था, बस वो नीचे गिर पड़ा और शोक में जोर जोर से रोने

लगा। उसको इस दुःख में देख कर मि. टाओ भी फूट फूट कर रोने लगे।

तभी एक औरत की आवाज सुनाई पड़ी "भाई"।

इसे सुनते ही हुआईतियांन ने रोना बंद कर दिया उसकी देखा देखी श्रीमान ताओ और पार्टी के बाकी सदस्यों ने रोना बंद कर दिया। फिर ज्यूनियांग ने कहा भाई उठो, खड़े हो भूलो नहीं तुम्हारे भाई ने अपनी जान इस आदमी के लिये दी, यानी यह उसके लिए खास था, फिर हम लोग कैसे उसके साथ दुर्व्यवहार कर सकते हैं।"

अपने पिता को फिर उसने चुरट लाने को कहा। और माता से चाय लाने को कहा। ज्यूनियांग के शब्द सुन के हुईतयान ने भी अपना तरीका बदला, और कहा नहीं मैं अपने मरे भाई को अपमानित नहीं करूँगा। वो आज अपना बेटा यहाँ लेकर आये, जिसको नाम जिआंग है। चलो सब मिलकर गमी का नाच करते हैं।

VI

तीन जार्ज क्षेत्र में प्रथा थी की पारम्परिक गमी का नाच किसी के मृत्यु के बाद करा जाये। फिर उन लोगों ने ज्यूनियांग के घर मे चावल और टोफु आदि का खाना खाया और मकई से बनी फैनी पी। उसके बाद हुआईशू ने एक और गिलास डाला और मृत आत्मा की शान्ति के लिये प्रार्थना की। फिर अपनी भाभी ज्यूनियांग जिसे अब वो, बहन बुला रहा था। कहा अब मैं वापस बाओता नदी के तट पर जा कर बसूँगा। और यह कहते हुए वो मुड़ा और चलने लगा। ज्यूनियांग को भी पता था कि अगर उसने मन बना लिया है तो उस इरादे को कोई नहीं बदल सकता।

हुईतयान ने सोचा था कि वो नदी को देखता हुआ अपना घर पुनः बनायेगा और फिर मेंगताओ से शादी करूँगा परन्तु वो घर बहुत

ही धीरे–धीरे बन रहा था तो वो मेंगोताओ के माता पिता के पास अपना प्रस्ताव लेकर गया पर उन्होंने कहा अगर एक साल में अच्छा सा घर नहीं बन जाता तो वो अपनी बेटी की शादी कहीं और कर देंगे। या वो मेंगोताओ से शादी करूँगा परन्तु वो घर बहुत ही धीरे–धीरे बन रहा तो वो मेंगोताओ के माता पिता के पास अपना प्रस्ताव लेकर गया पर उन्होने कहा अगर एक साल में अच्छा सा घर नहीं बन जाता तो वो अपनी बेटी की शादी कहीं और कर देंगे या वो मेंगोताओ से शादी करके अपने मरे भाई की तरह अपनी ससुराल में रहने लगे। पर हुआईतियांन अपने मृत भाई से अलग था, आत्म सम्मान में विश्वास रखता था वो उसे ऐसा करना ठीक न लगा।

कई दफा कोशिश करने के बाद हुआईतान ने वापस उस गुफा में अपना घर बना लिया जहाँ वो शुरु शुरु में आकर रहने लगा था। ठंडा खाना खाता था और चावल की सूखी बालों पर सोता था। इस गुफा के पास से एक पहाड़ी पगडंडी थी, बहुत लोग उस पर चलते नजर आते थे।

अचानक एक दिन एक युवक काले साफा बाँधे जिंग हुआईतियांन के पास आया और पूछा कि क्या वो एक बढ़ई है? और अगर हाँ तो उस की नाव ठीक कर दे। क्योंकि उसे मछलियाँ पकड़ने जाना है।

जिआंग हुआईतियांन ने शक और गुस्से के कारण मना कर दिया फिर वो युवा बोला कि वो नाव उसके मृत भाई की है? यह सुनते ही हुआईतियांन ने कहा यह बात पहले क्यों नहीं बताई, चलो अभी ठीक करता हूँ।"

गरीब आदमी तो हर काम कर सकता है तब वो युवा बोला, "मैं पैसे मछलियाँ बेच कर ही दे पाऊँगा।" फिर क्या था सुबह से शाम तक नाव को ठीक करने में लग गया। थकान और भूख दोनों ही लग

रही थी जब उस युवा ने आवाज लगा कर बुलाया और कहा चलो गरम–गरम खाना खाओ। यह सुन कर हुआईतियांन का दिल भर आया क्योंकि अभी तक तो वो ठंडा कच्चा खाना खा रहा था।

सूरज डूब रहा था आसमान में लाली धीरे–धीरे रात के अंधेरे में बदलती जा रही थी यकायक जिआंग हुआईतियांन ने उस युवा से कहा, मुझे तो तुम्हारा नाम तक नहीं पता ? युवक ने जवाब दिया, "क्या तुम जाना चाहते हो?" यो आन जियांगजो जिसका चीनी अर्थ था नदी किनारे घूमना।

जिआंग हुआईतियांन ने सोचा वो उससे मज़ाक कर रहा है। हँसते हँसते युवक बोला इतनी गरमी है तो हुआईतियांन ने कहा काला साफा क्यों पहना है। "मैने तो कमीज तक नहीं पहनी है।" युवक ने जवाब दिया, "मुझे अच्छा लगता है" रात काफी हो गई थी, तारे चमक रहे थे। और नदी से ठण्ड़ी–ठण्ड़ी हवा आ रही थी। वो आग जो अभी तक गर्मी दे रही थी, बुझने लगी थी। तो युवक उठ कर टहलने को तैयार हो रहा था पर जिआंग हुआईतियांन ने रोकते हुऐ कहा "बैठो जाने की कोई जल्दी नहीं है।" युवक ने कहा, "नहीं बहुत देरी हो गई है।" अरे आज मेरे पास ही, मेरी गुफा में रुक जाओ पर उस युवक ने अपनी नाव को पानी में ढकेलते हुए ..... चलने लगा। लाचार होकर जिआंग हुआईतियांन बोला, रात के अंधेरे में यह पानी शैतान का रुप ले लेता है, तुम्हें पता नहीं है।" परन्तु युवक ने केवल धन्यवाद बोला और नाव में सवार हो गया, कुछ ही देर में आँख से ओझल हो गया पीछे रह गई .... अंधेरी रात, सन्नाटा और नदी का वो तट जिसके साथ कुछ दर्दनाक यादें जुड़ी थी।

VII

जंगली पेड़ सफा करते करते जब हुयातियान थक जाता तो वो जमीन पर लेट कर पगडंडी पर आने जाने वाले लोगों को देखता और

अपने अकेलेपन को कोसता। काश युवक फिर अभी आ जाये और मुझे आवाज दे, 'भाई' पर यह इच्छा इच्छा ही रही।

कभी–कभी कभार वो अब अपनी भाभी और भतीजे से खेल कर, उनका हाल चाल पूछ कर फिर अपनी गमगीन गुफा में आ जाता।

अचानक एक दिन उसे वो काले साफे वाले युवक की याद आई, जिसने नाव की मरम्मत की मदद माँगी थी और फिर स्वादिष्ट और गरम गरम खाना भी बना कर खिलाया था। उसे याद आया कि उस युवक ने कहा था कि वो हुतियाओपिंग गाँव का था सोचा कि अबकी बार जब वो उस तरफ जायेगा। तो .... उस युवक के बारे में भी जानकारी लेगा कुल्हाड़ी को ठीक कराने जब वो वहाँ गया तो उसने पूछा तो वहाँ के लोगों ने सर हिला कर ना जानने, का संकेत दिया और कहा यह गाँव इतना छोटा है कि शादी हो या मौत, हम सब जाते है और जानते है वहाँ एक युवक है जिसके बारे में हमें कोई जानकारी नहीं है। हुआईतियांन को लगा की हो सकता है उसकी याददाश्त ने उसका साथ न दिया परन्तु उसे फिर वही खुशबु आई जो उस युवक के पास से आती थी अतः उसने सोचा कि शायद अकेलेपन के कारण वो दिन में भी सपने देखने लगा था।

एक रात वो हुआ, जिसका होना संभव ही नहीं था, तेज और ठंडी हवायें चलने लगी, तो उन से बचने के लिये वो अपनी गुफा में घुस गया। और लकड़ियों को गुफा के मुँह पर लगा दिया क्योंकि उसमें द्वार तो था नहीं? सोते–सोते रात में कुछ चोरों की आवाज आई, "दोस्त क्या हम तुम्हारे लकड़ी के शहतीर ले जायें"

ये सुनकर हुआईतियांन उन्हें रोकने को बाहर भागा ......परन्तु उसके इंकार करने के बावजूद, वो उन्हे उठाकर भागते हुए नजर आये। हताश और निराश, हुआईतियांन ने अपने आप से कहा, इतने

दिन की मेहनत भी बेकार गई।" ऐसा कहते कहते वो वहीं रेत पर गिर गया।

सुबह–सुबह किसी ने उसे भाई कह कर पुकारा और कहा, "यहाँ क्यों सो रहे हो, "वो भाई का संबोधन उसने उस युवक के मुख से सुना था। तो बिना देरी किये आँख खोली तो देखा, वो काला साफा बाँधे युवक उसकी आँखों के सामने खड़ा है। आश्चर्यचकित, भौचक्का वो उसे देखता रह गया। युवक ने फिर पूछा, भाई क्या हुआ इतने, घबराये हुए क्यों हो?"

हुआईतियांन ने कहा अरे कल रात चोर मेरा सारा सामान उठाकर ले गये, सारी मेहनत बेकार हो गई? क्या करुँ? युवक मुस्कुराया और बोले तुम्हारा शादी का इरादा अब पूरा न होगा?

हुआईतियांन ने जवाब दिया, मैं तो एक कुँवारा हूँ जिंदगी के झंझटों से दूर कही भी और कैसे भी जिंदगी बिता सकता हूँ।"

युवक बोला, क्यों नहीं हम दोनों ही कुँवारे है क्यूँ हम दोनों कुँवारे, एक साथ जीवन बिताने की सोचे।

मैं घर के काम–काज में अच्छा हूँ, जैसे खाना बनाना, कपड़े धोना .... आदि। युवक के शब्द सुन के भावुक हो उठा और बोला," पर तुम पर कैसे विश्वास करुँ तुम को ढूँढ़ता में हुतियाओपिंग तक गया पर तुम्हारे बारे में कोई खबर न पा सका।

इसी बीच युवक ने अपने सिर पर से बाँस की टोकरी हटाई जिस में मछलियाँ थी और आग जलाकर गरम गरम नाश्ता बना दिया। इस सब को देखकर हुआईतियांन आशचर्यचकित था चाय के प्याले में चाय न होकर .... मक्की की फैनी थी जिसे पीते ही शरीर में गरमाहट आई सो एक और गिलास पी लिया उसे अपने अकेलेपन की कहानियाँ और वो विचार कि क्यूँ वो अपनी भाभी के पास रहे याद आये पर, वो गया नहीं क्योंकि उसको अपने माता–पिता की संपति को

संभालना है, उसके बढ़ते कदमों को रोक दिया। रातो में नींद नहीं आती थी, क्या करुँ लाचार हूँ?"

युवक ने मुस्कुराते हुऐ बोला, तो फिर क्यों कह रहे थे कि शादी नहीं करुँगा? जिआंग हुआईतियांन ने कहा मेरे जैसे बिना घर वाले से कौन शादी करना चाहेगा? मैं तो एक गुफा में रहता हूँ।

युवक ने, बात काटते हुऐ कहा, क्यों न हम दोनों एक साथ रहने लगे ?" जिआंग हुआईतियांन बड़बड़ाया अपनी शादी के बाद मैं तुम्हारे लिए भी लड़की ढूँढ़ दूँगा। और शादी करा दूँगा। यहाँ तक की बच्चे भी पैदा करुँगा। जिआंग हुआईतियांन का नशा एकदम उतर गया ..... ये सब एक सपने की तरह था। अचानक एक बहुत सुंदर, नाजुक गुलाबी गाल वाली काले साफे के साथ एक लड़की उसकी आँखों के सामने खड़ी थी। इसके काले लंबे बाल थे तभी उसने अपने कपड़े उतारे, ये प्रमाण–पत्र देने के लिये कि वो एक जीती जागती युवती है।

हुआईतियांन विश्वास न कर पाया अपनी आँखों को, "तुम परी हो या शैतान ? 'भाई, मैं तो जीती जागती युवती हूँ।"

मेरा नाम डायर डायर है, मेरा घर ऊपर जाती नदी की धारा से करीब 30 मि.मी. जियान हुआईतियांन, खुशी के मारे अपने को रोक न पाया और उसे गले लगा लिया। और कसम खाई कि इसके बाद डायर ही उसकी पत्नी होगी।

VIII

माह की हर 15 तारीख को गुआण्डों डाकघर का डाकिया आकर आवाज लगाता था ज्यूनियांग को जो थोड़ा सा दरवाजा खोल कर अपना अंगूठा लगा देती थी उस मनीआर्डर को लेने के लिए जो मि. टाओ इस के पुत्र की देखभाल के लिए भेज रहे थे। पहली 3 बार तो उसने लेने से इंकार कर दिया था फिर मि. टाओ ने एक पत्र द्वारा

सूचित किया कि अगर अब की बार मनीआर्डर वापस हुआ तो वो खुद आने को मजबूर होगे।

समय–समय पर जियान हुआईतियांन अपनी भाभी और भतीजे से मिलने चला आता ताकि मिटटी वाले काम जैसे घर की तोड़ फोड़ ठीक करना, लकड़ी काटना या चक्की आदि चलाना वो कर ले। जितने दिन वो यहाँ रहता और काम करता ज्यूनियांग अपने हाथों से खाना बना कर खिलाती और जब हुआईतियांन वापस जा रहा होता था तो कहती, मुझे मेरी दुयोरानी से कब मिला रहे हो?

ज्यूनियांग के प्रश्न को सुन कर वो बहुत शर्मिंदा होता था क्योंकि अब तो उसने डायर से शादी कर ली थी। शुरु-शुरु में वो सब को बुलाकर शादी का ऐलान करना चाहता था पर फिर डायर ने समझाया कि उन्हें अपना पैसा फजूल नही करना चाहिये और अपनी गरीबी का मज़ाक उड़वाना उसकी बात हुआईतियांन की भी समझ में आई और उसने से विचार मन से निकाल दिये।

डायर एक अच्छी लोकगीत गायक थी, जिससे वो पैसे भी कमाती थी तथा एक अच्छी गोताखोर भी थी। उसे गोताखोरी करते देख ऐसा लगता था जैसे कोई मछली पानी में तैर रही है। इस के साथ हुआईतियांन को अपने बचपन के दिन याद आते थे। खाना, हो ना हो पर खुशी से उसकी जिंदगी भरी हुई थी। वह गम था तो एक की अभी तक उसने डायर को भाभी से नहीं मिलाया ?”

एक दिन गंभीर मुँह बनाये डायर के पास जा कर बोला कि, मेरे पास तो केवल एक ही रिश्तेदार है, मेरी भाभी इस बसंत उत्सव में क्यों नहीं तुम उसने मिलने चलती, हुआईतियांन की बात सुनके डायर ने कपड़े बदले और चलने को तैयार हो गई। चलते चलते उसने हुआईतियांन से उसकी भाभी के बारे में प्रश्न पूछा? पर जवाब केवल एक था अपने आप, अपनी आँखों से देख लो ?

मामी का घर शहर के शुरु में ही था। दरवाजे पर पहुँच कर डायर ने दरवाजा 2 दफा खटखटाया, दरवाजा ज्यूनियांग के पिता ने खोला और अंदर आने को कहा।

ज्यूनांग एक सफेद लिबास में कमरे में आई , उसका चेहरा देखते ही डायर के मुँह में ताला सा लग गया वो कुछ बोल ही नही पाई। पर वापस आते हुए डायर ने हुआईतियांन से कहा तुमने मुझ से क्यों शादी की तुम्हें ज्यूनियांग से शादी करनी चाहिये थी वो बहुत सुन्दर, सुशील और सुगण है। मैं तो तुम्हारे लायक ही, नहीं हूँ? उसकी बात सुन के हुआईतियांन को गुस्सा आ गया और वो बोल उठा, तुम्हारी हिम्मत कैसे हुई, ऐसी बात करने की? मैं अभी तुम्हें सबक सिखाता हूँ"।

समय बीता, हुआईतियांन बुर्जुग हो गया था एक दिन उसने देखा के पहाड़ी पर पीले और लाल कपड़े पहने कुछ लोग, नदी के दूसरे तट पर खड़े उन के घर की और देख रहे है। यह रास्ता हूतियाओपिंग को यागजी नदी के मार्ग से मिलाता। हल्ला गुल्ला सुनकर उसने अपने दामाद, जो शहरी योजना का अध्यक्ष था। पर उसने कोई जवाब न देकर अन्दर जाकर एक प्याला चाय ले आया, हुआईतियांन फिर उससे पूछा तो उसने कहा, 'कोई 10 साल पहले इस इलाके को (DAM) बाँध बनाने की योजना बनाई थी। बहुत जल्दी उस योजना का काम शुरु हो जायेगा। अपने दामाद की बात पर ज्यादा ध्यान न देकर, वो जल्दी तैयार हुआ, क्योंकि वो अपनी मरहूम पत्नी डायर के मकबरे को ठीक करने और परिवार के खण्डर मकान को ठीक करने की योजना बना चुका था। हलांकि बीते दस सालों में वो काफी बूढ़ा हो चुका था। पूरा चेहरा झुर्रियों से भर गया था और कई दाँत भी टूट गये थे। परन्तु जहाँ तक चुस्ती और फुर्ती का सवाल था, वो आज भी युवावस्था की थी, जब वो पहाड़ चढ़ता था तो ऐसा लगता था जैसे समतल जमीन पर चल रहा हो।

डायर, इसकी पत्नी, जीते जी एक अच्छे घर में न रह सकी, इसका गिला हुआईतियांन को था इसलिये वो उसके मकबरे को बड़े प्यार और सम्मान के साथ ठीक ठाक रखता था। बस टालने की जल्दी में, निकल रहा था जब उसके दामाद ने उसे रुकते हुए कहा; बहुत जल्द यह सारा इलाका पानी में चला जायेगा, क्योंकि बाँध बना रहे है, आप क्यों अपना समय उसे ठीक करने में बरबाद कर रहे हैं।”

गुस्से में हुआईतियांन ने जवाब दिया, तुम केवल इस योजना में काम करते हो, उस की सोचो जिआंग परिवार की पैतृक संपत्ति और डायर के मकबरे की नहीं।” हुआईतियांन की बात सुनकर, वो उसे समय न बरबाद करने की सलाह देने लगा। अरे छोड़ो हुआईतियांन बोला अपनी योजना संभालो, मुझे या मेरे पुरखों को नहीं।”

उसके दामाद ने उसे फिर रोकने की कोशिश की पर सफल न रहा।“

तब उसका भतीजा, जिआंगबो जो एक शालीन और मधुरभाषी लड़का था वो सामने आ गया। उसे देखते ही हुआईतियांन के मन में एक बात आई कि क्यों न वो अपने भतीजे को गोद ले लें। ऐसा करने से वो उसे पिता का प्यार और दुःख करने का एक अच्छा कारण बन जायेगा। परन्तु उसकी भाभी ने यह कहकर कि, फिर वो क्या करेगी? ”बात खत्म कर दी।

पर हुआईतियांन तो उसे अपना ही बेटा मानता था इस लिये उसने उसकी शिक्षा पर पूरा ध्यान दिया और वो शिक्षक की नौकरी करने लगा .... कुछ दिन बाद उसकी शादी भी हो गई, फिर उसका एक बेटा हुआ जिसका नाम उन्होंने जियागो रखा उधर वो दिन भी आ गया जब बाँध भी बन कर तैयार हो गया था और बस उस में पानी छोड़ना बचा था।

हुआईतियांन दुःखी और परेशान था जब जियागो जो एक स्कूल में पढ़ने वाला छात्र था, नदी में तैर कर आया था। क्योंकि वो छुट्टियों के लिए तीन जार्ज क्षेत्र में अपने बाबा के घर आया हुआ था। अब अगर हुआईतियांन किसी को प्यार करता था जियागो वो बाबा के पास आया और कहा, आज आप मुझको पूजा के लिए हमारे पूर्वजों के मकबरे पर लेकर जायेंगे ना?"

X

हुआईतियांन ने फिर अपने परिवार की कहानी जियागो को बताई

हमारे परिवार के इतिहास के अनुसार, उनके परिवार का ओगजुआनफो दूर का पूर्वज जिआंग सियान को मोर्चे का प्रमुख बनाया गया था ताकि वो पश्चिमी क्षेत्र मे हो रहे खूनखराबे को खत्म कर सके और शान्ति ला सके। 100 दिन के अन्दर उस का प्रयास सफल हो गया और उन्हें वहॉ कर महामहिम बना दिया गया दया के 8 पुत्र थे जब मिंग शासन ने युआन शासन को हटाया तो बदकिस्मती को दूर करने के लिये जिंग आन जूआनफो ने राज्य की 8 कानून वाली मोहर को 8 हिस्सों में विभाजित कर और हर एक पुत्र को एक सरकारी सील प्रमाण के रुप में दे दी। इसी के आधार पर आने वाली पीढ़ीयों को "जिआंग परिवार बुलाया गया जिस का अर्थ था 8 कान वाली सरकारी मोहर"।

हमारे पूर्वज ये लेकर बकोटा नदी के तट पर गये जो तीन जार्ज क्षेत्र में पड़ता था। वो सरकारी मोहर उन्होंने अपने घर के नीचे दबा दी, जब जिआंग परिवार के पूर्वज अपना घर बना रहे थे। जियागो ने उत्सुकता से पूछा "क्या आपने वो देखी है?" हुआईतियांन ने सर हिला कर कहा,'नहीं क्योंकि वो तो पहाड़ों में घर की बुनियाद में विरासत के रुप में रखी गई जो पीढ़ी दर पीढ़ी जिआंग परिवार के साथ रही है।

फिर उसने कहा चलो अब मैं तुम्हें तुम्हारे पूर्वजों के मकबरे दिखाता हूँ ताकि तुम उनका आर्शीवाद ले सको। यह जिआंग परिवार के घर के पास ही है। धीरे धीरे इन मकबरों पर छत्र भी लगा दिये गये ताकि समय के साथ उनकी वो याद के रुप में बनी रहे।

शाम के समय हुआईतियांन डायरस के मकबरे के पास बैठा रहा ये सोचते सोचते कि वो हमेशा एक घर चाहती थी पर वो उस गुफा में ही रही।

तीन जार्ज क्षेत्र की एक प्रथा के अनुसार शादीशुदा लड़की 7 वें महीने की 15 तारीख को अपनी माँ के घर आती थी पर डेयरस ने ऐसा नहीं किया, "यह कहते हुऐ कि उसका कोई अपना था ही नहीं। इसलिए, इसने भी घर जाने का जोर न दिया।

पर अचानक, उस साल एक मज़दूर साफा बान्धे वहाँ आया और काम करने लगा। जब डेयरस ने देखा तो उनसे बताया कि वो उसका दूर का रिश्तेदार है यह सुनते की वो उसकी माँ की तरफ का रिश्तेदार है तो हुआईतियांन ने मदद करने के लिए उसे तेल, खाना और रोजमर्रा की जरुरत की चीजें दी जिन्हें लेकर वो चला गया पर कुछ दिन बाद वो फिर आ गया हरी, सब्जी लकड़ी, बर्तन आदि माँगता हूँ हुआईतियांन अपने आप दे दिया पर जब यह बात डायर को पता लगी तो उसने बहुत गुस्सा किया। और कहाँ कि वो उसका कोई रिश्तेदार है ही नहीं से सुनकर डायर चकरा गया उस ने सोचा कहीं वो उसका प्रेमी तो नहीं था। अगली बार वो जब आया तो उस का सामना डायर से हुआ, जिसने उसके वहाँ बारी–बारी आने पर ना खुशी दिखाई। बस वो गुस्से में तमतमा कर बोला तुम्हे अगर मेरा भाईचारा नहीं पसन्द है तो अब मेरी दुश्मनी देखो ?" ये कहते हुए वो वहाँ से जब जा रहा था तो हुआईतियांन ने उसका चेहरा देखा और उसे कुछ अच्छा सा ना लगा पर डायर ने उसके शब्दों को कोई महत्व नहीं दिया। और कुछ ही दिनों में वो माँ बन गई। खुशी में नाचते हुए उसने हुआईतियांन को

कहा की चलो अब नये कानून के अनुसार हमें अपनी जमीन वापस मिल जायेगी और शुरु–शुरु में मिट्टी की दीवारें बनाने की सोची और घर का मुँह नदी की ओर रखने का मन मनाया। एक दिन जब वे दोनों अपने घर के लिए मिट्टी ले जा रहे थे कि दो जवान वहाँ आये और डायर को ले गये, हुआईतियांन ने उसे बारी–बारी कारण पूछा पर जैसे किसी ने उस पर जादू कर दिया हो वो चुपचाप उनके साथ चली गई। उसी बीच दीवारों पर डाकुओं, लुटेरों और दुश्मनों के खिलाफ नारे लिखे देखे। ढूँढ़ते–ढूँढ़ते वो एक दिन एक स्कूल में पहुँचा, जहाँ इन लोगों के उपर इनके अपराधिक कार्यों पर सजा दी जा रही थी। और डायर भी उनमें से एक थी क्योंकि वो डाकुओं के राजा की बहन थी। कुछ दिन बाद उसको रिहा भी कर दिया परन्तु वे पहले जैसी डायर न रही थी फिर उसने अपने डाकू भाई के साथ बिताये दिनों के बारे में बताया, कैसे वो गुफाओं, घोड़ों ओर नदियों में भागते फिरे थे। डायर ने यह भी बताया कि हुआईतियांन के बड़े भाई की नाव जिस ने चलाई थी वो उसका भाई, शांतिआओ फू शांतिआओ जिस ने उन सब को घेरा था पर हुआईशू की वफादारी देखकर उसने अपना इरादा बदल दिया। फिर वो ठण्ड लगने के कारण मर गया। भाई की मौत के बाद डायर बाकि डाकुओं से जान बचाती भाग रही थी जब उसे जियान हुआईतियांन को हूतियाईओपिंग में देखा और वो उसके साथ रहने लगी। उसे पता ही नहीं था कि उसके खिलाफ खून का इल्जाम लगा हुआ जबकि उसने किसी का खून नहीं किया था। कैसे उसके साथ दुर्व्यवहार किया गया हालांकि हुआईतियांन उसे विश्वास दिलाया की उससे बहुत प्यार करता हूँ और अच्छी देखभाल करूँ पर दिन ब दिन वो खौफ में, डर से जीने लगी, धीरे–धीरे उसने खाना भी छोड़ दिया और धीरे धीरे पतली और पतली होती गई। बस एक टक आँखों से वो अपनी बेटी और हुआईतियांन को देखती रहती। फिर एक दिन उसकी मौत हो गई तो हुआईतियांन ने उसका मकबरा भी अपने माता पिता की कब्र के पास ही बनाया। साथ ही अपने लिए भी जगह छोड़ दी है

ताकि उसको भी वही दफनाया जा सके। अब बताओ क्या मैं अपने प्यारों को छोड़ कर कहीं जा सकता हूँ फिर उसने इयागो से पूछा वो क्या सोचता है।

XI

हुआईशू की मौत के 45 साल बाद उसका पोता जियान जियागो हाइड्रो इलेक्ट्रिक पॉवर कॉलेज में पढ़ने गया। एक रोज पुस्तकालयों में पढ़ते हुऐ उसे एक पुस्तक मिली जिस में विस्तार से थ्री जार्ज क्षेत्र में बाँध बनाने में मुश्किलों का उल्लेख था। नदी का बहाव बहुत तेज था, जगह जगह बड़ी–बड़ी चट्टानें थी जिस कारण भँवर बनते थे और यातायात करना नामुमकिन था। अगर बाँध बनाना है, तो चट्टानों को हटाना होगा, ताकि पानी को रोका जाये। इसको पढ़ने के बाद उसका दिल बाबा के पास जो बाओटा नदी के तट पर रहते थे जाने को करने लगा। सो वो अपने बाबा (चाचा) के पास हुआईतियांन के पास चला गया। दूसरे दिन अपने पूर्वजों की याद में जियागो और उसके बाबा ने बलि दी और फिर जिआंग परिवारिक घर वापस चले गये। जो आधे से ज्यादा गिरा दिया गया था क्योंकि वो बाँध के रास्ते में आ रहा था।

जियागो और उसके पिता जियानेबो ने बड़े आदर और सम्मान से उन्होंने हुआईतियांन को उसकी भाभी ज्यूनियांग का सन्देश दिया कि वो उससे मिलने की इच्छुक है। उनकी बात सुनकर हुआईतियांन ने कोई जवाब न दिया। इसलिये जियागो ने सन्देश पुनः दोहराया पर जवाब न मिला दूसरे दिन अभी सड़क की ओस सूखी भी नहीं थी कि जिआंग हुआईतियांन अपनी भाभी को पुकारता हुआ वहाँ पहुँच गया। उसकी आवाज जब ज्यूनियांग ने सुनी तो उसने अपनी मधुर आवाज को आओ भाई' करके उसका स्वागत किया। वो अपने कमरे के बाहर तैयार बैठी थी क्यों अब वो देख नहीं सकती पर फिर भी उस की सुन्दरता देखी जा सकती थी। बुजुर्ग जरुर हो गई थी पर मोह की

मूर्ति थी पर पहले को इधर उधर काम करती थी पर अब यह सब घर के और लोग करते थे। पहले जब वो आता था तो वो कपडों से जूतों तक उस को भेंट के रुप में देकर, माँ की तरह समझाती ...... ये यादें हुआईतियांन के जिंदगी का अनमोल खज़ाना था। भावनाओं से उपर उठकर वो बोला मैं बहुत दिन से आने की सोच रहा था पर बस ...... आ न सका। तभी ज्यूनियांग ने फैनी का एक गिलास उसके हाथ में देते हुऐ कहा ..... आपने मरे भाई की अन्तिम इच्छा पूरी करो। आवाज लगा कर उसने जियानबो को मि. टाओ का भेजा हुआ पत्र लाने को कहा। नाम सुनकर हुआईतियांन ने कहा, मि. टाओ !' इस परिवार के पुराने मित्र हैं इन्होंने ही उस विश्वविद्यालय की स्थापना की है जिसमें जियागो अब पढ़ रहा है। मि. टाओ अब चीफ इंजीनियर बन गये है इस परियोजना के, जिसके लिये वो बरसो। पहले तीन जार्ज क्षेत्र में आये थे। जहाँ तुम्हारे बड़े भाई हुआईशू ने भी गाईड के, रुप में इन के साथ काम किया था और अपनी जान न्यौछावर की थी उन दस्तावेजों को बचाने के लिऐ, वो सपना आज साकार होने वाला है।

जियागो बोला, अरे हाँ, मैने भी वो नक्शा देखा है बाँध बनने के बाद, यह नदी एक झील बन जायेगी। और पानी भी कुछ 50 किमी0 के दायरे में फैल जायेगा। ये जगह जहाँ वो अभी बैठे है वो भी पानी में डूब जायेगा। "

जिआंग हुआईतियांन चुपचाप फैनी पीता रहा और फिर "भाभी धन्यवाद" कह कर जाने लगा। जब ज्यूनियांग ने मुस्कुराते हुआ, पूछा, "भाई तुम ने अच्छे से तो खाया।" जवाब में हुआईतियांन ने हाँ कहा और चला गया

XII

जिआंग हुआईतियांन का दामाद जो इस हाइड्रो इलेक्ट्रो योजना का अध्यक्ष (Chief) था घर से घर गया यह बताने के लिए क्योंकि नदी को झील मे बदलना है, तभी पानी को ऊपर उठाया जा सकता

है इस कारण, सभी लोग को आवास के लिए दूसरी जगह दी जा चुकी है जहाँ उन्हें अब जल्द–जल्द चला जाना है।"

गाँव के बहुत लोग जिआंग हुआईतियांन के पास आये, पर उसने सबसे सीमेन्ट व लकड़ी खरीदने को कहता रहा, बस सब सोच रहे थे कि वो अपने पूर्वजों को कैसे छोड़ देगा उधर बाँध क्षेत्र में बनता रहा और इधर लकड़ी और सीमेन्ट खरीदा जाता रहा ..... जब क्षेत्र छोड़ने की तारीख पास आने लगी तो फिक्र के कारण उस के मुँह में छाले पड़ गये।

एक सुबह उसने कहा 15 अगस्त वो दिन है जब सबको पहाड़ पर इकट्ठा होना है।

15 अगस्त का दिन, खिलती घूप को अपने साथ लेकर आया। जिआंग हुआईतियांन का गंजा सिर भी उस सुबह 'चमक' रहा था। अपने सबसे अच्छे कपड़ों में अपने परिवार की सब पीढ़ीयों के साथ उसने सभी गाँव वालों को भी न्योता (Invitation) दिया था पटाखे और आतिशबाजियों से कार्यक्रम शुरु हुआ। फिर हुआईतियांन ने सबको उसके पूर्वजों की कब्रें (मकबरे) उस पत्थर की गुफा में ले जाने को कहाँ, जहाँ वो कभी रहता था। और फिर उसे लकड़ी और सीमेंट से बन्द करवाया। यह देखकर उसके बच्चों को उसकी सूझबूझ पर बहुत "मान" हुआ। तभी हुआईतियांन ने कहा तीन जार्ज क्षेत्र में यह प्रथा है कि हम अपना ताबूत अपने जीवन में ही बना देते हैं। मैंने भी प्रथा के अनुसार अपना ताबूत भी अन्दर रखवाया, अब आप सब की जिम्मेदारी है कि आप मेरी मौत के बाद मुझे मेरी पूर्वजों के पास ही दफन करें।

बाओटा नदी का तट ही हमारा घर है और रहेगा क्योंकि जिआंग परिवार यहाँ सदियों से रह रहा है। राज्य का फैसला मैं बदल नहीं सकता पर, मेरी मौत के बाद मुझे यही दफन करना। सब्र का बाँध

टूट गया जिआंग हुआईतियांन के दामाद का और वो जोर–जोर से रोने लगा।

बोला जब मैं मरुँ मुझे भी इनके पास दफन करना तुम्हारा प्रण है।" सभी बच्चे रोने लगे। और एक आवाज में हामी भरी धीरे धीरे वो गुफा पानी में लुप्त हो गई नीचे पानी था और ऊपर............... हवा।

गाँव की लड़की ली यूजिया की शादी

यूजिया की शादी एक इत्तेफाक थी। ये मानी हुई बात थी की लोगचून नदी के पास पैदा हुई लड़कियाँ बहुत सुन्दर होती थी। चाहे वे अमीर या गरीब परिवार से हो। लोग तो कहते थे कि यहाँ पैदा हुई लड़कियाँ फूलों की तरह नाजुक, मलाई की तरह मुलायम, और दूध की तरह गोरी होती थी। यूजिया भी इन्ही खूबियों की मालकिन थी। उसने स्कूल केवल प्राथमिक कक्षा तक ही किया था क्योंकि उसके पिता का विचार था कि लड़कियों को ज्यादा पढ़ा-लिखा नहीं होना चाहिए इसी कारण वो एक बहुत ही मेहनत करने वाली लड़की बनी थी। उसे घर और बाहर के सारे काम करने पड़ते थे जैसे घास काटना, खाना बनाना, चक्की चलाना, आलू छीलना, यहाँ तक की गंदगी को भी वो उठाती थी। इस कारण उसके पास आराम कराने का समय ही नहीं होता था। फिर भी वो दिनों-दिन और खूबसूरत होती जा रही थी।

सर्दी, गर्मी, बरसात या जिन दिनों बर्फ पड़ रही हो तब भी उसका चेहरा और त्वचा फटती नहीं थी। माना चट्टानों बीच किसी दरार से कोई सुन्दर फूल अपना चेहरा दिखा रहा हो।

18 साल की उम्र तक तो पूरा घर और बाहर उसी ने संभाल लिया था। इसी बीच उस के परिवार ने अपना घर बना लिया, जिस कारण दर्जनों लोग स्वर्ग जैसे घर को देखने और बधाई देने आये।

और इन दर्जनों लोगों के लिये इसने स्वादिष्ट और कई प्रकार की व्यंजन बनाये जो वहाँ की पारंपरिक थे। इतने–इतने लोग आये, खाया, सराहा कि घर की ओर आने वाला रास्ता इतना चिकना हो गया की लोग फिसल–फिसल कर गिरने लगे। कहना था कि घर देखने आये थे पर हकीकत में वो भीड़ यूजिया को देखने का मौका पाकर वहाँ आ रही थी। यह सब देखकर उसके माँ बाप ने उसका विवाह का विचार बनाया क्योंकि वो 18 साल हो चुकी थी अतः अब उसे परिवार के बंधनों में बाँध देना चाहिये।

जैसे ही लोगों को पता चला की उस के लिये वर ढूँढा जा रहा है, तो यह बात जंगल की आग की तरह फैली, शुरु-शुरु में एक सैनिक का रिश्ता आया जो 3 साल फौज में नौकरी कर चुका था। और ऐसा लग रहा था कि रिश्ता पक्का भी हो जायेगा तभी सैनिक के परिवार को पता चला कि यूजिया का परिवार बहुत ही गरीब और कर्ज में डूबा हुआ है ये ही नहीं.......यह भी बात निकली कि अपने नये ईटों से बंगले में आने से पहले वो तो घास की झोपड़ी में रहते थे।

फिर रिश्ते वाले ने एक और रिश्ता एक शहर के साहूकार के बेटे का बताया जिसे सुनकर यूजिया के पिता डर के ही वहाँ से भाग निकले। क्योंकि यह वो लड़का था जो लोगचून नदी तट पर अकसर लंबे लंबे बालों के साथ अपनी मोटर साईकिल पर तेजी से दौड़ाता हुआ नजर आता था। एक और रिश्ता एक ऐसे काम करने वाले मजदूर का था जो बाहर से आकर यहाँ बसा था और अब एक दो मंजिल घर बना रहा था। वैसे तो उसका रिश्ता ठीक था पर वो देखने में बहुत कमजोर और पीला सा नजर आता था साथ ही साथ वो उबासी लेता था। जिस कारण सामने वाले को ऐसा लगता था जैसे वो अपनी नींद नहीं पूरी कर पाता।

माँ बाप ने सोचा उन की बेटी अभी उम्र में छोटी है, सुन्दर है और सर्वगुण संपन्न है, तो उन्हें उसकी शादी कि फिक्र नहीं करनी चाहिये।

कुछ दिनों में अच्छा वर और घर दोनों ही मिल जायेंगे। सर्दियाँ समाप्त होने वाली थी और बसंत उत्सव आने ही वाला था कि ली यूजिया की जिन्दगी में एक अनहोनी हो गई। एक दिन देर शाम यूजिया की माँ एक रिश्तेदार लोगचून नदी क्षेत्र से शहर की ओर जा रही थी जहाँ वो एक गृह सज्जा की दुकान में काम करता इसका खुद का घर पहाड़ों के दूसरी तरफ था। इस कारण जान-पहचान भी थी एक दोस्त मिल गया और कहा चलो बैठ कर बात करते हैं होते–होते रात हो गई।

सोचा रात यहीं रुक जाते हैं और सुबह निकल पड़ेंगे पर जब कहीं रात रहने का स्थान न मिला तो यूजिया की माता पिता के घर आ गये। साथ में उनका दोस्त जिओ गोंग था जो उम्र में रिश्तेदार से बहुत कम था खाना आदि खाने के बाद, बातें होती रही जिस में माता-पिता और माँ का रिश्तेदार पुरानी बातों में उलझे हुए थे और वो अनजान बैठा बैठा बातें सुन रहा था और चुरट पी रहा था जो उसने ओरों की भी भेंट की थी। यह सब यूजिया दरवाजों के पीछे से सुन रही थी और देख रही थी, ये लंबा-चौड़ा आदमी उसे भा गया था। तभी उसकी माँ ने आवाज लगा कर कहा, बाहर से लाकर लकड़ियाँ डालो आग बुझ रही है।"

यूजिया बाहर गई और अंधेरे से उसको किसी और के वहाँ होने की आहट सुनाई दी, इससे पहले वो देख पाती जिओ गोंग ने पीछे से पकड कर, प्यार से एक चुम्मा दे दिया, घबराहट में यूजिया ने उसे जोर का धक्का दे दिया और गिर गया, तब उसे रोकते हुए यूजिया बोली, "अगर आगे कभी ऐसी कोशिश की तो देखना?" बस इस बार फिर वो पूरे जोश में उठा और वो कर दिया जो यूजिया कभी सपने में भी नहीं सोच सकती थी। और चीख भी नहीं सकती थी। लोक–लाज की वजह से सुबह वो लोग तैयार हो कर जब यूजिया के घर से निकल रहे थे तो वो सोच रही थी की वो शादी में यूजिया का हाथ उसके माँ बाप से माँगेगा, पर बिना कुछ कहे वो लोग निकल गये

उनको जाता देखकर यूजिया पीछे पीछे भाग के गई माँ के रिश्तेदार ने सोचा जिआओ गोंग हो सकता अपना समान पीछे छोड़ आया है जिसे वापस देने वो भागी–भागी आई थी ......पर उदास वापस चली गई।

II

समय बीतने लगा ली यूजिया और जिआओ गोंग की शादी नहीं हुई कुछ समय बाद कुछ साल बाद ..... एक ने शादी करने का इरादा बना लिया था क्योंकि अब उसने काफी पैसे भी नई जिन्दगी के लिए जमा कर लिये थे।

शादी भी हो गई ..... जो वहाँ की सबसे अच्छी शादीयों में से एक थी इस का चर्चा रिश्तेदार ने यूजिया के घर पर किया जिसे सुन कर यूजिया ने पूछा, क्या मैं सुन्दर नही लगती?

रिश्तेदार ने कहा, 'सुन्दर नहीं बहुत सुन्दर हो।' यूजिया ने कहा, अब आप मुझे एक प्रेमी ढूँढ़ कर ला दीजिऐ। माँ-बाप मुँह खोले देखते रहे रिश्तेदार ने उसको तो कुछ नहीं कहा, पर वापस जाकर जिओ गोंग से पूछा उस रात क्या हुआ था। पर वो चुप रहा? क्या रात और नहीं रुक सकता था। क्या उसे अच्छा लगा लोंगचून वाली लड़की के साथ दुर्व्यवहार? समय के साथ शादी के रिश्ते यूजिया के लिये बन्द हो गए वह सड़क जो आने जाने वालों से भरी रहती .... अब सुनसान नजर आती थी। जंगली झाड़ियाँ उगने लगी। ऐसा लगा की क्योंकि यूजिया के लिये कुछ ज्यादा खोज हो रही थी .... जिस कारण उचित वर न मिल पाया।

अतः शादी न हो सकी। वो अक्सर अपने को काम में उलझाये रखती। एक दिन जब उसे नदी के दूसरी तरफ एक तीन मंजिला घर दिखा जिसकी बड़ी बड़ी खिड़कियों ने यूजिया को एक टक देखने को मज़बूर कर दिया ओर ये सिलसिला कुछ ऐसा शुरु हुआ कि वो जब

वहाँ जाती थी तो उस तरफ देर तक देखती रहती थी। परन्तु बहुत कम होता था कि उसको हुआंग गुईजू एक हरे रंग के लंबे लिबास में सफेद परदों के पीछे घूमती नजर आती थी। ये जीविका के लिये ये फसल पैदा करती थी, जिसे बेच कर वे अपनी गुज़र बसर करती थी क्योंकि उसकी माता का देहांत हो चुका था और पिता बहुत गरीब थे, इसलिये वो अपने लिए स्वयं कमाती थी। कुछ समय बाद वो अचानक वहाँ से कहीं चली गई। कई साल बीत गये फिर एक दिन देखा कि वो सोने गहने पहने मँहगें लिबास में फिर गाँव वापस आ गई।

लोगों को याद आई वो लड़की जो गरीब थी और मेहनत करके अपनी गुजर-बसर करती थी। पर अब अचानक क्या हुआ था कि उसके पास इतना ऐशो आराम का सामान और पैसा आ गया था, कि उस ने पहाड़ी की चोटी पर एक सुन्दर सा बड़ा घर बनवा लिया था और उसमें रहने को अपने भाई और पिता को भी बुला लिया था।

लोगों का कहना था कि जरुर उसने गलत कामों से इतना पैसा इतने कम समय में बना लिया था, इसलिये लोग पीछे तो बोलते थे परन्तु मुँह पर कुछ नहीं कहते थे।

हुआंग गुईजू जब भी यूजिया को देखती तो मुस्कुरा कर उस से हाल चाल पूछती। उससे बात करना यूजिया को भी अच्छा लगता था, इस लिये वो रुक कर लंबी बात करती थी। एक दिन हुआंग गुईजू ने उसके हाथ में ज्यादा कपड़े देखकर कहा, अरे तुम कपड़े वाशिंग मशीन (Washing Machine) में क्यों नही धोती यूजिया उसे नहीं बताना चाहती थी कि उनके पास कपड़े धोने वाली मशीन नहीं थी, इसलिए उसने कहा कि अपने को काम में लगाये रखने का यह अच्छा तरीका था। तब हुआंग गुईजू ने कहा चलो मेरे घर चलो। मशीन में कपड़े धो, चाय पियो और मुझसे ढेर सारी बातें करो। बात बात करते उसने उसे अच्छी चाय का लुत्फ उठाने का तरीका भी सिखाया।

यूजिया को याद आया वो स्कूल के दिन जब वो हुआंग गुनिजू को चलता हुआ देखती थी तब और अब में, जमीन आसमान का फर्क था। तब आम लड़की थी, अब वो एक खास युवती बन गई थी क्योंकि यूजिया भी अब 30 साल से ऊपर हो गई थी बात से बात करते करते और शादी के ऊपर आ गई तो उसने यूजिया को बताया की अच्छी औरतों को शादी करने में मुश्किल होती है, कयोंकि उनके दिमाग में कुछ मापदंड होते है। पर भद्दी और गरीब के लिए कोई परेशानी नहीं है क्योंकि वो तो किसी को भी अपना लेगी।

यूजिया ने कहा पर मैं तो देखती हूँ तुम्हारे लिये तो बहुत लोग आते हैं अरे वो मेरे लिये नहीं, 'मेरे घर और बैंक खातों के लिये यहाँ आते है। बात को आगे बढ़ाते हुए बोली, वो सोचते हैं कि औरते तो बिकाऊ है पैसे दो और खरीद लो। एक कुत्ते को ऊँगली दिखाते हुए उसने कहा कि इस वफादार को रखा है, उन लालची आदमियों से निबटने के लिये यूजिया जोर जोर से हँसने लगी।

तब हुआंग गुईजू ने समझाते हुए कहा वक्त रहते शादी कर लो, कही ऐसा ना हो कि अच्छे की चाह में तुम्हारी शादी ही न हो पाए।

यूजिया ने उसकी बात काटते हुए कहा मैं तुम्हारी तरह किसी ख़ास को नही ढूँढ़ रही हूँ"

III

बसंत के आते ही हर ओर सूरज की किरणों जैसी खुशी छा गई यूजिया ही तब महसूस किया कि उस का शरीर कुछ मोटा सा होने लगा था, यहाँ ताकि उसने अपने कपड़ों पर लगे बटन तक दुबारा लगाये तक की कपड़े छोटे न दिखे पर, फर्क न हुआ उस रात जब वो सोई तो, कुछ समय बाद उसकी आँख खुल गई। ..... समस्या का हल न मिला ? सुबह हुई पहले माँ और फिर पिता की पुकारें सुनाई दी .... उठो उठो कितनी सुस्त होती जा रही हो यूजिया पर वह लेटी

जा रही। अन्त में जब उठी तो बाहर जा कर सबको बता दिया कि वो अब वहाँ न रहेगी। माँ ने कहा, तो कहाँ जाओगी। यूजिया ने जवाब दिया, "मैं अब मामा के पास शहर जाकर मज़दूरी करुँगी" उसकी बात सुनकर माँ ने कहा, "अच्छा ये हुआंग गुईजू का किया धरा है, अगर तुमने बाहर जानी की सोची तो मैं तुम्हारी टाँग तोड़ दूँगी। वो तुम्हे भी अपनी तरह आवारा बना रही है।" पर यूजिया ने कुछ नहीं कहा। माँ ने सोचा बाजार जाकर वो अपने भाई को फोन करके याद दिलायेगी की उसको एक वर ढूँढ़ने का अनुरोध किया था उसने कोई लड़का अभी तक ढूँढा है। फोन करा तो वो काम में लगा था। काम करते करते ही उसने बात की आधी बात बहन की सुनी और आधी बात उन मज़दूरों की जिन से वो काम करा रहा था। ..... यानी ध्यान काम में उलझा हुआ था। हाँ, हाँ कर दी, तभी बुलाया, मा चोंगक्वींग माँ ने कहा, 'अच्छा कहाँ काम करता है भाई ने जवाब दिया, 'मेरे नीचे बस माँ को यह विश्वास हो गया कि लड़का मिल गया है। ..... समय बीता, बसंत का मौसम भी बीता पर मामा का न दूर–दूर तक पता पड़ा।

यूजिया ने तब सोचा ''क्यों न वो खुद जाकर मामा से मिलकर, पता करे देरी किस बात की है ? इसलिए वो दूसरे दिन तैयार होकर अपने माँ बाप के सामने समान ले कर खड़ी हो गई और बोली वो शहर जा रही है। उनके लाख बना करने पर भी ना रुकी ढूँढते फैनिक्स प्लेटफार्म नाम के होटल मे पहुँची जहाँ उसके मामा सजावट का काम कर रहे थे तो पता लगा कि वो वहाँ से काम करके जा चुका था तो उसने पूछा कहाँ मिलेगा 'उनका ठिकाना' तो होटल मालिक ने एक इशारे से कहा, वहाँ जा कर पूछ लो, वहाँ काम करने वाले मज़दूर रहते है। रास्ता खराब और मुश्किल था पर पहुँचने पर वहाँ बैठे दो लोगों ने बताया कि वो पहले वहीं रहता था पर कुछ समय से पता नहीं कहाँ चला गया है?

यूजिया ने पूछा, क्या आप जिओ मा हो हैरत में, एक व्यक्ति खड़ा हो गया और पूछा क्यों ?

यूजिया ने आगे बात की तो पता लगा कि वो उसके मामा के नीचे काम जरुर करता पर वो पहले से ही शादीशुदा, एक बच्चे का बाप है..... और बच्चा भी वहीं मिट्टी में खेल रहा था परिस्थितियों से परेशान यूजिया बौखला गई..... और जोर–जोर हँसते या कहो रोने लगी। जितने लोग वहाँ से सबने उसे चुप कराने की सोची, कोशिश भी की, पर सफल न हुऐ।

जैसे मुड़ी इस जगह से वापस जाने के लिए तो वो लड़खड़ाई जैसे गिरने वाली हो। तभी कहीं से दो हाथों ने उसे संभाल लिया और वो गिरने से बच गई.....!

V

इसे बचाने वाले का नाम मेस्सीहेयर था वो नदी पर मछलियाँ पकड़ कर बेचता था और एक छोटे से कमरे में रहता था। उसने यूजिया को बताया कि वो इसके मामा को अच्छी तरह जानता है जिनके मुँह से उसने इसका भी नाम सुना था। क्योंकि उसका मामा पोकर का खेल खेलने। उसके यहाँ आता था। फिर मेस्सीहेयर ने वो गुत्थी सुलझाई जिस के कारण वो खुद वहाँ आ गई थी पूरी बात सुनने के बाद यूजिया फूट फूट रोने लगी। क्योंकि अब तो वो न घर की रही न घाट की रही। 'मामा का पता नहीं था, घर के दरवाजे भी बंद हो गये थे क्योंकि वो लड़ कर आई थी पर मेस्सीहेयर ने बड़े प्यार और सम्मान देते हुए, उसे बताया कि, वो गरीब एक कमरे के मकान में जरुर रहता है, अकेला है पर इज्ज़तदार है।

यूजिया के मामा ने पूरे साल इससे मछलियाँ खरीदी थी पर पैसे न दिये थे तो वे पैसे लेने आया था पर यहाँ आकर पता लगा कि और मजदूरों को भी पैसा न दे पाया था तो वो पैसे लेने गया है। मै भी यहीं रुक गया। कुछ समय बाद यूजिया ने उससे शादी कर ली और प्यार से साथ साथ काम करने लगी मेस्सीहेयर मछलियाँ पकड़ता और फिर दोनों मिलकर उन्हें बाजार में बेचते..... यूजिया जोर–जोर से अपनी

मीठी आवाज में ग्राहक बुलाती..... ऐसे ही एक दिन हुआंग गुईजू वहाँ मछलियाँ खरीदने आई तो उसे यूजिया की अवाज बड़ी जानी पहचानी लगी पास आते ही उसने उसे पहचान लिया और सारी मछलियाँ अपने होटल के लिए खरीद ली साथ साथ आगे का भी ठेका दे दिया।